JN106700

女性30代からの「複業」生活のすすめ

週23時間働き、男性平均年収を超える生き方

山下 弓
Yamashita Yumi

さくら舎

はじめに

「山下さんはなぜ、仕事を5つもしているのですか？」

私が自己紹介をすると、よくいただく質問です。私はいま、キャリアコンサルティング、ファイナンシャルプランナーとしての相談やセミナー講師、起業支援コンサルティング、生命保険の営業、「和《なご》み彩香《あやか》」カラーボトルカウンセリングと5つの仕事をしています。それに加え、スタートアップ企業のCFO（最高財務責任者）として、経理・総務を担当しています。そういうわけで、付き合いが少し深くなった人からも「結局何やっている人かよくわかんない」と、そんな風にもずっと言われてきました。

フリーになって10年、その間も数の増減は多少ありますが、常に複数の仕事をしてきました。ひとつの仕事をずっと続けることが美徳という、世間一般の社会の定義から見ると、随分はみ出しているかもしれません。でも、そうするしか選択肢がなかったのです。これが半分本音です。

私が社会人になったのは、男女雇用機会均等法が施行された翌年でした。これで男女の採用の機会が公平になったと思いきや、採用はするけれど、条件を男性と同じで雇ったのだから、(男性と)同じように働いてほしい、という風潮が根強い頃でした。もちろん男性に負けまいと頑張る女性もたくさんいましたが、その後、大きな岐路に立たされる人がほとんどでした。そう。ずばり、出産、子育てです。

近くに親がいて、いつでもサポートをしてもらえるという状況でしたら、出産前と同じように何とかできるかもしれません。でも育休後、たとえ保育園が決まったとしても、子どもはたいてい免疫がないまま集団生活に放りこまれるのですから、病気の洗礼の嵐を受けます。多いときは1年の半分くらい休む子どもだっています。

この状況では、会社を頑張って続けるやる気と気力はあっても、これまでのようにはいきません。結局、誰かの手がなければ食べることもおしっこをすることもできない子を抱えて、

「同じ仕事仲間に迷惑をかけないように」

と、ほかに選びようのない結論を突きつけられ、会社を去っていった女性がどれほ

どいたでしょう。

男女の隔たりなど努力次第で何とかなると考えていた私でしたが、子どもができたとき、

「あ、社会のレールから外れたんだな」

と、はっきり自覚させられました。

しかし、できないことをいつまでも求めていても仕方ありません。子どもを産んだ責任もあります。そこで**子育てしながら、自分が自分らしく生き続けるために考えたひとつの手段が、社会の働き方にとらわれない仕事のやり方であり、子どもの年齢に合わせて仕事の幅や量をコントロールするというやり方でした。**

だから、

「なぜ複業？」

と聞かれたときは、

「この生き方が、子どもも仕事もあきらめないいちばんの方法だったからです」

と答えることにしています。するとしばしば、

「会社に正社員で勤めたほうが育休も取れるし、安定しているでしょう」

としごく真っ当な答えが返ってきて、そうなるとお互いの話はどこまでも平行線です。

ところが、ここ3年ほどでしょうか。内閣府が2018年1月に「働き方改革」のひとつとして副業に対する提言を始めた頃から、私の自己紹介を受け止める方の反応が変わってきました。ただ、最初に「あ、風向きが変わったな」と思ったのは2016年12月に『LIFE SHIFT』（リンダ・グラットン、アンドリュー・スコット著 東洋経済新報社）が刊行されたあとです。

副業に対する抵抗や偏見が薄れていくことを肌で感じました。女性だけでなく男性も興味をもち始め、私のセミナーには性別関係なく、幅広い年代の方が参加するようになりました。

そして2020年になって、新型コロナウイルスが世界中を襲い、これまでの社会の当たり前をいっぺんにひっくり返してしまいました。前年まで誰が、日本で開催されるオリンピックが延期になると想像したでしょう。あり得ないはずのことが当たり前のように起こると、瞬く間に仕事だけでなく生活も一変しました。

いままでは多くの人にとって、会社に行くことが「働く」という証《あかし》でもあったのに、リモートワークになりました。学校の行事は軒並みなくなってオンライン授業に、また人と直接会って仕事を進めるという王道の営業はあまりできなくなり、ビデオ電話で何度もやりとりをしてからようやく最後に直接会って契約、というように、何個もハードルを飛び越えなければなりません。

でも、ふと気がつきました。これまでそうすることが当たり前だと思いこんでいたことの多くがなくなっても、経済は回り、株価は変わらず高値を維持しています。伸びる企業・業界とそうでないところとの明暗ははっきりと分かれ、慣れと慣習の思いこみに縛られてきた企業ほど、このコロナ禍によって変化した社会に適応しにくくなっています。

どうやら、私が感じていた社会のレールは、すでに金属疲労を起こしていたようです。コロナはこの社会の変化の直接の原因というより、これまで現状を見て見ぬふりをしていた私たちに、最終通告をするというきっかけになったにすぎないのです。終身雇用、年功序列はすでに過去の遺物となっていました。このまま定年まで勤めあげたとしても、老後を保証する「退職金」という言葉も過去の遺物となってしまうかもしれません。

「たとえコロナ禍が収まったとしても、もう元には戻れない」

多くの人が、そう気づいてしまいました。「いままでのやり方で定年まで勤めることが正解で幸せ」という定義が難しくなり、また人生100年時代といわれるようになり、定年後も再度社会人となって同じくらいの年月を折り返さないといけません。勤めあげたことがゴールではなく、次の第二の人生の始まりと称され、その後のライフスタイルをどうするか真剣に考える必要が出てきました。それくらい、いま社会も価値観も、大きく方向転換してきています。

これまでの正解、成功哲学に黄色信号が灯りだしたいま、新しい生き方に戸惑いを覚える人が少なくありません。けれども**はっきりしているのは、もう私たちは新しい第一歩を踏み出しているということ**です。

変化を恐れて立ちすくむより、どんな世界に繋がるのかわからないけれど、一歩足を進めて扉を開ける勇気が必要なのです。

私は、みなさんよりちょっと先に自ら社会の常識のレールを飛び降りた人間です。その第一歩を踏み出す怖さを常に感じながらも、進まざるを得ない状況に追い込まれてここまで来ましたが、何とかこうして、人並みの生活と自分のやりたいことができるようになってきました。自分の反省も含めて、こうすればもっとよい方向にいくということもわかってきました。

かつておびえながら眠れぬ夜を過ごした体験は、その後のタフさに繋がり、いまはこのスタイルを貫いてきて本当によかったと感じています。そしていまは、ワーク・ライフ・バランスを保ちながらも、男性平均収入を超えるくらいには稼いでいます。

この9年間、私がセミナーで伝え続けてきたことが、コロナ禍がきっかけで、ますます加速してきたなと感じています。まだ誰もが手探りの状態ではありますが、本書では、これから世の中がどう変化していき、その中でどのように舵を切ったらいいのか、私自身の体験を交えながら書いてみました。

これからの人生を豊かに生きていくためには、複数の仕事をこなすスキルが必ず必要となります。この本は、私がFP（ファイナンシャルプランナー）、そしてキャリアコンサルタントとして、自分のライフスタイルを組み立ててきた方法を、具体的に事例を紹介しながら説明しています。

人間はひとりで生きているわけではありません。家族や友人、知人たちとの関わりを無視して自分の人生だけを考えることもできません。家族、友人、地域を巻きこみ、豊かな社会をつくりながら、人生を生き抜いていくための人間関係の育て方も記してみました。

この本の読者対象は、働く女性だけではありません。男性にも子どもにも、定年後の方にも共通する課題や解決法が数多くあります。ですので、まず女性であるあなたが実践し、成果をあげて、そのあと周りにいる男性陣や子どもたちに伝えていただきたいのです。もしあなたが家庭をおもちであれば、妻であり母である女性の影響力は絶大なるものがあります。パートナー、そしてこれから未来をつくる子どもたちも一緒に、新しい世界へ踏み出す一歩としてこの本を活用していただけたら、とてもうれしく思います。

時間にも経済的にも精神的にも余裕をもって働く、これからの新しい働き方をみなさん、一緒に考えていきませんか。少しでも、本書がそのヒントとなれば幸いです。

目次◆女性30代からの「複業」生活のすすめ

第3章　「複業」を始めるときのコツ

第4章　時代と環境の変化に備える

第5章　起業のモチベーションを保ち続ける

第6章　人生は50代からが華

第7章　定年後の暮らしぶりを考えたことはありますか？

女性30代からの「複業」生活のすすめ
――週23時間働き、男性平均年収を超える生き方

第1章

もし、夫の会社が倒産と言われたらどうしますか？

「当たり前」がいつまでも続くとは限らない

私が「複業」を真剣に考えだしたのは、夫が会社から、

「2年後、計画倒産する予定です」

と言われたときでした。そのとき、子どもは上が中学生、下は小学校3年生。私は下の子が幼稚園に入ってから、土日に結婚式の司会をしたり、早朝のアルバイトや大手進学情報誌の契約社員をしたり、子どもの生活にあわせて、夫の扶養範囲内で働いていました。まだまだ子どもにも手がかかりますが、自分のお小遣いぐらいはそれなりに稼いでいて、ママ友ランチに行ったり、PTAや町内会の役員を務めたりと充実した生活だったので、こんな生活も悪くないかも、と思いかけていた頃でもありました。

夫の会社は、かつて私も勤めていた会社。新卒の採用担当を任されて社長の近いところで仕事をしていたこともあり、倒産の計画が話だけで終わらないことはすぐに理解できました。新卒からこの会社だけで働いてきた夫、年は42歳となり、それなりの肩書と責任をもらい、年収も生活に不自由ないくらいありましたが、転職しても同じ

ような待遇になるかはまったくわかりません。

これから子どもたちの進学にお金もかかるし、住宅ローンなどのことを考えると、中途半端に稼いでいればすむ状況ではないことが予想されました。

息子には家の事情を話し、高校受験で希望していた私学に対し、

「途中で行かせることができなくなるかもしれないから、レベルを落としても公立に行ってほしい」

と頭を下げました。

息子は相当落胆したことと思います。親としてもなんとも情けなく、これがこの当時のいちばんつらい思い出です。

「大学進学のときは、あなたが行きたいところに奨学金を使わないで行かせることができるように頑張るから」

と約束するのが精一杯でした。

まずは仕事を選ぶというより、「夫に代わって私が社会保険を手に入れ、子どもたちを扶養に入れる」、これが優先されました。私は、ＦＰの資格を取ったことをきっかけに、まったく経験のない保険の代理店で正社員として働き始め、生命保険会社、

損害保険会社15社を扱う内勤営業を行うようになりました。

そして、夫は会社の倒産まで勤め、その後、自営業の準備をしていたものの、サラリーマンのほうが向いているということで再就職を決めたのが1年後。その準備していた自営業を引き継ぐ形で、今度は私がフリーランスになったのです。

引き継いだ仕事は、私が勤めていた保険の代理店が養成していた、生命保険の独立代理店の仕事でした。

ただ、これひとつでは、収入にばらつきがあります。そこでキャリアコンサルタントの資格を得て、県の事業の請負の形で、女性の就労支援を行う「滋賀マザーズジョブステーション」のリーダーとして働きだしました。そこから、FPの知識とキャリアコンサルタントの知識を掛け合わせたセミナーなどは私の得意分野となり、各種セミナーの講師や起業コンサルタントなど、少しずつできる仕事の幅を広げてきたのがいまの状況です。

ちなみに、夫が再就職したのは47歳のときで、収入はこれまでの3分の1以下となり、さらにその状況が7年間続きました。教育費はますます負担が増える時期です。もしあのとき途方に暮れて立ち止まってしまっていたら、このままいくと一家離散もやむなしという状況にまで追いこまれていたでしょう。

夫の収入という「当たり前に保証されたもの」が突然なくなることは、私たち家族だけに起こった特別な出来事だと、ずっと思っていました。でもいま考えると、ほかの人より経験したのが少し早かっただけで、この社会の流れではむしろそのリスクは高まってきているように思います。コロナ禍でも、会社が縮小、一部閉店、倒産などで収入を得る手立てを失った方々がどれだけいることでしょう。これは個人の問題ではなく、社会の大きな流れの中で誰にでも起こりうる出来事なのです。

どんな状況になってもしなやかに家族を支えていける手立てを考え、備えておくことは無駄にはなりません。そして、いま足元を見つめなおすことは、いまの不安定な社会で生きることを助けるだけでなく、ずっと働き続けなければならないかもしれない老後を支える糧になると信じています。

1週間で23時間働く生活

私が「複業」を提案すると、

「5つも仕事だなんて！」「会社に行って、もう帰ってきたらクタクタ」「3つどころか2つでも無理！」

そんな声もよく聞きます。

たしかに、朝、通勤電車に揺られて帰ってきたらすでに日は暮れていて、食事の支度、子どもの世話に追われていたらあっという間に日付が変わるなんてざら。自分のご飯もままならず、気がついたら湯船でウトウトしていた、なんて生活では、そう思ってしまうのもわかります。

でも、私の5つの仕事の中で、時間に縛られた仕事は基本的に「ひとつだけ」です。「時間に縛られた」というのは、お給料が時給で発生する、「給与収入を得られる」仕事のこと。それも月10日ほど、つまり残りの20日は自分でどうデザインするか自由なのです。そうなると見える風景も少し変わってくると思いませんか？

例えば、ある1週間はこんなスケジュールでした。

日曜日：次の日の四国でのセミナーに備えて前日入りで高松泊、せっかくなので早めに移動して午後は大塚美術館へ半日観光。

月曜日：朝、高校でキャリア教育の授業2コマ。お昼は担当者と地元の海鮮丼をいただきながら次回の打ち合せ。

火曜日：県の委託事業、女性の就労支援の仕事で朝9時から午後5時まで働く。県の紹介で、市の講演会の依頼を受ける。

水曜日：在宅ワーク、法人の経理処理を午前中入力。午後から保険のお客様への提案書をつくり、オンラインで相談。

木曜日：県の委託事業勤務のあと、「和み彩香」（カラーボトルカウンセリング）インストラクターとして、オンラインで資格取得コースを夕方7時から2時間授業。

金曜日：午前中、市主催のセミナーのあと、受講者と懇親会を兼ねてランチ。そこでＦＰとしての相談、キャリア相談の依頼を受け、予定を調整する。

土曜日：午前中、保険の契約訪問のあと、午後はオフとしてゆっくり過ごす。

こんな感じであっという間に1週間が過ぎていきます。セミナーなどは半日で済む場合がほとんどなので、残りの半日は自分の時間として自由に使えます。実労働時間を数えてみると、この週は23時間でした。1日8時間労働とすれば週3日といったところでしょうか。

こういった働き方だと、時に遠方での仕事であれば、観光も兼ねて滞在を延ばすことができます。そして何よりどこかに行きたいと思ったら、混雑もさけてお財布に優しい平日やオフシーズンに自分の都合で旅行にも行けます。２０１９年は3月シドニー、6月福岡、7月長崎の壱岐、10月山形、11月スペインと、各地を巡りました。

自分で予定を組み立てるので、仕事をやらされている感覚はあまりなく、自分の生活を自分でデザインするという生活スタイルに近づいています。

もちろんその裏返しとして、正社員のような安定した収入の保証はなく、生活としては不安定かもしれません。けれども、正社員で真面目に働いていても、いきなり会社都合で解雇となったり、正社員から長期雇用スタッフに降格されたりしてしまうこともありえるでしょう。

私もはじめは、この働き方で本当に大丈夫なのだろうかと考えていましたが、いつの間にか時が経ち、フリーとなってから9回目の確定申告を終えることができました。

年収は、自営業の事業収入と給与収入では、可処分所得の感覚がどうしてもちがうので表しにくいのですが、男性平均給与並みの収入と、そこにプラスで投資による不定期の収入が入ってきます。

みなさんは、どちらの生き方をしてみたいと考えますか？

「副業」ではなく「複業」をしましょう

なぜ「副業」ではなく「複業」なのでしょうか。

この「副」という字は、辞書（デジタル大辞泉）には「主なものに伴って補佐となること」と記されています。何かに準ずる意味合いを強く感じます。

厚生労働省が作成している「副業・兼業の促進に関するガイドライン」（平成30年1月策定、令和2年9月改定）を見ても、正社員で働いたあと、残業代わりにほかの会社でアルバイトをするというイメージで説明があり、私はこの考え方に少し抵抗を感じました。私のイメージする「ふくぎょう」は主も副もなく、その時々に応じて臨機応変に、「主」にも「副」にもなる自分の武器というものだったからです。正社員として会社で働くのも、アルバイトとして会社で働くのも、どちらも「給与収入」です。でも、給与収入をふたつ重ねて働いても、それは時間×労働単価に過ぎず、労働時間が延びるだけに過ぎません。

現在の社会は、予想もつかない世界へ突入しようとしています。これまでの常識を大きく覆し、当たり前が当たり前でなくなるような事象が次々と起きています。ただ、これまでもその時々の社会の情勢によって、絶好調と思っていた事業があっという間に力を失っていく。そんな事件ともいうべき変化が起こってきました。

いちばん顕著だった業界が、白物家電といわれる電機業界でしょう。一部上場企業に名を連ね、ここに入社すれば一生安泰といわれていた企業がなくなることも、この10年ほどの間に次々と起こりました。サンヨーは2012年に、白物家電を中国のハイアールに売却し、その看板を下ろしました。東芝は日曜の夕方お茶の間を楽しませてくれているアニメ『サザエさん』のスポンサーを降りざるを得ない状況まで業績が悪化しました。何かこれまでとちがう動きが始まっている、そんな風にどことなく感じている人も多いのではないでしょうか。

これからは、**ひとつの仕事が立ちゆかなくなったとき、どの仕事が「主」になってもいいように、仕事を組み立てていく必要がある。**私は9年前からずっとセミナーで伝え続けていますが、その考えは年を追うごとに確固たるものになってきています。
そういう思いをこめて「副業」ではなく「複業」と名付けました。

第2章

「複業」に重要な5つの視点

お金は人の器につり合う程度しか入ってこない

もし、あなたが事業を立ち上げ、全国展開を目指し、そして大金持ちになることを思い描いているのでしたら、複業ではなく、はじめから本業一本に絞って勝負をかけるほうがいいでしょう。それに、業種によっては複業という形態ではできない仕事もたくさんあります。

「複業」は、いくつか複数の仕事を同時にこなしていくのですから、その業種や組み合わせ方が大事になります。カンタンにいうと、第1章で少しお話ししましたが、給与収入の仕事を複数するのではなく、給与収入と事業収入を組み合わせていく。つまり、会社に雇われて給料をもらう働き方と、起業してその事業で収入を得る働き方を組み合わせるのです。さらにそれぞれの仕事に重なる部分があると、ひとつの仕事で得たスキルや情報などを、ほかの仕事に生かしやすくなります（このお話は、第3章で詳しくご説明します）。

私は投資を35年続けていますが、そこから人生の鉄則をたくさん学ぶことができました。その中で身に染みて学んだことが「ローリスク・ハイリターンはありえない」ということです。大きく稼ごうと思うとリスクもそれだけ大きくなります。そして、これは投資に限ったことではありません。経済的には何の心配もない状態であっても、仕事が忙しくなりすぎて家庭を顧みることもできず、家族関係や自分の精神状態がちっとも幸せでない人もたくさん見てきました。

人には自分の器というものがあって、その時々の自分の器量以上のお金は身につきません。器が育っていないうちに有り余るほどのお金が自分の懐に流れてくると、結局は身につかないばかりか、器そのものが壊れてしまうことすらあるのではないでしょうか。私はＦＰとして活動しながら、自分に幸せをもたらしてくれるお金との付き合い方と働き方を、ずっと探し求めてきたような気がします。

器は人の成長とともに大きくなる可能性だってあります。これからどれだけの器をつくっていくのか、またつくっていきたいのかは、みなさんの裁量にお任せいたします。

先に書いたように、「複業」はその人の夢や業種などで向き・不向きがあります。

「複業」を考えるときにポイントとなる5つの視点をご紹介しますので、「自分に当てはまるかな、できそうかな」というところを、まず考えてみてください。

視点その1
形から入らず、小さく産み徐々に成長することを楽しめるか

女性の芸能人が結婚するときに、「お相手は?」と聞かれて「青年実業家」と紹介するのを聞いたことがありませんか? この青年実業家ですが、じつは、誰でも、明日からでもなることができます。実業家というのは、起業家のこと。**みなさん起業というととっても大げさに考える人が多いのですが、個人事業主の代表なら明日からだってできます。**極端な話、開業届を税務署に出さなくても、いつでも個人事業主となれるのです。個人事業主というのは、法人を設立せず、個人で事業を営む人のことです。フリーランスも、個人事業主に含まれます。

「事業収入とは?」という定義の説明をするときは、「決まった事業によって定期的に収入が見込まれる仕事」と伝えます。例えば雑誌の挿絵を毎月2万円で描く仕事が

あったとして、１年間で売り上げは24万。これもりっぱな事業収入として成り立つわけです。

ね、簡単でしょう。つまりあなたが毎月フリーマーケットで出店して、売り上げがたっていたら、それはりっぱな事業収入です（それを確定申告する、しないはまた別の話。利益が20万円以下であれば、確定申告はしなくてもいいのです）。それなら私にだってすぐできる。いえ、すでにしているという方も多いのではないでしょうか。こんなに簡単に始められる個人事業主。ところが誰もが簡単にできるということは、簡単に辞める人も多いのです。始めるのは簡単、だけど続けるのは難しい。

経済産業省の中小企業白書（２０１１年版）によると、起業したうち、５年後の生存率は法人と個人とをあわせて82％、10年後は70％、20年後はなんと52％で約２分の１しか残らないという結果が出ています。ただ、この数値は創設時から帝国データバンクに企業情報が収録されている企業のみで集計されていることなどから、実際の生存率よりも高めに算出されている可能性があります。

つまり先に挙げた青年実業家も２人のうち１人は、20年後には事業が立ち行かなくなっているかもしれないということなのです。これだけ厳しい現実に至る理由はさまざまありますが、**多いのは売り上げより経費が大きかったという単純な理由**です。

そうなりやすい一定のパターンがあります。例えば、開業した以上は事務所もりっぱに構えたいし、家具も新品でそろえる、という風に形から入る人は、ランニングコスト（毎月決まって支出する経費、家賃、通信費など）がかかりすぎて、すぐに経費倒れしやすいといえるでしょう。これは性別ではなく、性格によると思います。スポーツを始めるとき、道具やウェアなど形にこだわってしまうという人は、ビジネスにおいては注意が必要です。

ただ、女性は往々にして、普段家計を管理していることが多いからか、こういうランニングコストに関しては比較的シビアです。運営資金も少ないところから始め、銀行から借りずに小さく事業を始める人が多いように思います。

「複業」をするには、異なる収入を組み合わせる必要があるので、起業することが欠かせません。複業していくつかの仕事を手掛けるということは、専業として勝負に出るのではなく、どの芽が出るのか、可能性を探っていくということでもあります。**まずは自分がその事業経営に向いているかどうかを試すためにも、小さく起業すること**をお勧めします。

例えば、喫茶店を開くのが夢だったら、店舗をもたなくてもいいイベント出店から始めてみるなど、小刻みにステップを踏むこと。こだわりの家具や食器をそろえた喫茶店にしたい――それはいつか叶える夢として、まずは現実的な一歩を。それが抵抗なくできる人は「複業」に向いているでしょう。

ただもちろん、業種によっては最初に大きな資金を必要とするものもあります。**相対的な金額の大小ではなく、「必要最低限のコストで始める」ということがポイント**です。

ランニングコストを意識して小さく事業を始める

視点その２　ほかの収入源を「複業を支えるパトロン」ととらえることができるか

パトロン？　そんな人いたらいいけどねぇと思っているあなた。ほらほらいるじゃないですか。

「複業」というわけですから、ほかにも仕事があるわけですよね。そう、会社員としてお勤めでしたら、その仕事が事業のパトロンです。

ほかに何も仕事をしていないという人も、パートを始める、あるいは配偶者など、ほかの人が生活の主軸を支えてくれるのでしたら、それが事業のりっぱなパトロンです。

私が9年所属している滋賀マザーズジョブステーションで話を聞くと、多くの方は現在の配偶者の扶養家族という立場から起業しようと考えているように思います。

さて、そうなると、起業は自分だけの夢や願望なのでしょうか。家族や周りの方に誰にも迷惑かけずにできるでしょうか。迷惑をかけてはいけないということではありません。私が言いたいのは、むしろ**迷惑をかけることを前提として、どしどし協力をお願いするべき**ということです。

配偶者など、生活の柱を自分以外にもっている人は、起業のチャンスです。事業がしばらく安定せず、もしうまくいかなかったとしても、ほかに柱があれば家族が路頭に迷うこともありません。事業で得た収入は、その事業の継続のために投資することもできます。

自分が働くことを、配偶者あるいは舅姑《しゅうとしゅうとめ》がよく思っていないという相談もよく受けます。そういうときは、反発するだけでなく、家族を巻きこむように説得してみましょう。**この不安定な世の中だからこそ、「ふたりで稼いでいく」という発想が必要**なのです。事業を始めておぼつかないときは、配偶者の経済的支援を受け、徐々に安定させ、もし相方がリストラや病気など災難に遭ってしまったときに、今度は自分がしっかり支えていける。そんな風に、将来の見通しを具体的に話して伝えることが大切でしょう。

相手に自分がしたいことを明確に伝えて理解してもらうというスキルは、仕事には必要なものです。そもそも事業は、取引相手からいかに購買意欲を引き出せるか、そのくり返しだからです。

「どうせ言っても無理だから」ではなく、説得力、プレゼンテーション能力など自分のスキルを磨くチャンスだと割り切って、伝え続けてみてください。

これまでのように、いったん安定した会社に入れば一生涯勤め続けることができるという終身雇用、会社にいれば、自然とお給料やポジションが上がっていく年功序列、ボーナスが夏と冬の２回、退職金ももらって当然、そんな当たり前だったことが大きく音をたてて崩れているいま、一輪車で家族を支えるより二輪車で走ったほうが安定するはずです。

ただ、「稼ぐために起業する」というと聞こえはいいのですが、手掛ける仕事すべてがこれから始めるものばかりというのは、少し心もとないかもしれません。事業が落ち着くまでは時間がかかるものです。そのとき、「ほかの仕事というパトロン」があれば、気持ちの余裕もちがってくるでしょう。ですので、いま勤めている会社をすぐに辞めてしまうというのはよくよく考えて。とくに家計の収入の柱となっている立場の場合は、独立して自営業を始めるとき、万が一の備えはしっかり考えて動くようにしてください。

それからパトロンとしての収入源をもつという意味では、定年後、年金をもらいつつ事業を始めるのも同じように考えられますね。リスクを軽減しながら事業を続けることができます。その場合は定年になってから考えたらいいというのではなく、会社を定年となる5年前ぐらいから、そのための準備を始めるといいでしょう。

事業のパトロンとなりうる仕事・人を意識する

視点その3　時間を好んで有効活用できるか

ずっと昔に『話を聞かない男、地図が読めない女』（アラン・ピーズ、バーバラ・ピーズ著　主婦の友社）というベストセラーになった本がありました。男女それぞれの特性を描いた興味深い内容でしたが、その中で私の記憶に残っているのが、「女性は同時進行に物事を進めることが得意だけど、男性はひとつ終わらないと次に進むことができない」というものでした。その描写に、なるほどと膝を打った覚えがあります。

なぜなら女性はその「同時進行でこなす」という能力を日々実践し、トレーニングする機会が多いからです。近年、夫婦での家事の分担などが叫ばれていますが、いまなお女性のほうが男性より多く、料理をはじめとする家事を行っていることはデータとして出ています。例えば料理ひとつとっても、さまざまなメニューを考えながら、冷たいものは冷たいうちに、熱いものは冷めない状態で、それぞれの調理にかかる時間を逆算しながら同時にできあがるようにつくることを、日々実践しているのですから。

ですので、この「複業」としてちがう仕事を同時に進めても、女性のほうが難なくこなしていっているように感じます。

私は、とくに大した特技もありませんでしたが、この同時進行ということにだけは、抵抗なく取り組める能力があったようです。学生時代は、朝はパン屋、昼は蕎麦屋、夜は喫茶店などと同じ時期に7つのバイトをしていました。社会人になっても、結婚式などの司会業と会社員（正社員）の二足のわらじ、そして現在も5つの仕事と、常に複数の仕事を掛け持ちし、むしろそれがメリハリになっていると感じています。

ここに、「複業」をこなすためのヒントがあります。

それは、仕事の組み合わせに工夫をするということ。例えば、時間を拘束される内容の仕事同士だと掛け持ちが大変になります。ひとつが喫茶店での日中営業、そのあとパートでコンビニに行くとなると、職場や仕事内容がちがうといっても、実際の仕事は長時間労働になるだけで、これでは身体が先に壊れてしまいます。

つまり**「複業」するときは、時給の仕事（給与収入の仕事）と時給に関わらない仕事（事業収入の仕事）を組み合わせることが大事**なわけです。時給に関わらない仕事ということは、時に、時給に換算すると最低賃金にも満たない場合だってあるでしょう。単純に仕事にかかる時間が少なくなるということではありません。土日お休みが確定しているという訳でもありません。極端な話、３６５日24時間いつでも仕事モードから気が抜けないという場合だってあります。会社員のようにオンとオフが明確にできないのが実情です。お休みでも四六時中仕事のことを考えている、そんな状態もあります。

でも、**その仕事を積み重ねていくことで、時給以上の報酬をもたらす可能性もある**のです。それにやりがいを感じ、苦にならない人は、複数の仕事をもっても生き生きと働くことができるでしょう。そうしていくうちに、**自分で時間やスケジュールをコントロールしながら自分の都合で休みを確保し、仕事とプライベートのメリハリをつけていくという器量ができてくる**のです。

あえて書いておきますが、そんな働き方をしようと思うと、「その仕事そのものを好きであるか」はとても大事です。したくもない仕事で拘束されることほど苦痛なことはありません。

与えられる時間より生み出す時間を楽しむ

視点その4　お金を有効活用するセンスを磨けるか

私がフリーランスになっていちばん変わったことは、お金に対する考え方や使い方でした。お金自体はなんの感情ももっていません。人が何かを得るための対価です。でも、これほど人の心を惑わせ、使い方にその人の人格がにじみ出るものはないかもしれません。そのお金に真正面から向き合うことで、お金に換算できない価値をさまざまな場面で感じることができるようになりました。

私たちはこれまで、お金に対する学びが大事なことであるにもかかわらず、無頓着に接してきたのかもしれません。

みなさんは、いまもらっているお給料の源泉徴収票の見方を気にしたことはありますでしょうか。年末に保険の控除証明書のハガキなどを会社に提出してお任せにしていませんか？　どのような計算法によって税金が確定し、年末のお給料の手取りが増えたり減ったりしたのか、その理由をご存じでしょうか。

「複業」で事業収入が一定金額以上ある場合、翌年の2月から3月にかけて確定申告をしないといけなくなります。事業を始めようかなと思っている方は、ぜひ、**給与収入だけのうちから自分で確定申告をする**ことに挑戦してみてください。会社に保険の控除証明や寄付金控除、住宅ローン減税など提出せずに、翌年の確定申告の時期に自分で計算してみるのです。

自分のお給料がどのように税金として使われ、それが住民税に繋がっていくのかを知ることは、事業をするしないにかかわらず大切なことです。

これができるようになると、お金に振りまわされず、逆に使いこなす能力を実践的に学ぶことができるようになります。

お金に使われずに、使いこなす人になる

視点その5　その時々の状況に合わせて人生設計をすることが苦でないか

2020年、年明けから新型コロナウイルスによって、世界中が様変わりしました。

はじめは対岸の火事のように思っていた国々もこのウイルスに対応しなければならなくなりました。そしてこの感染が終息したとしても、もとの日常が戻ってくるのではなく、これまでとまったくちがう世界になるといわれています。どうなるかは未知数のところではありますが、世の中の多くの人がそう考えているとすれば、おそらく過去とはまったくちがう社会の仕組みができあがってくるのでしょう。

そうなると、これまでの常識や成功哲学が通用しなくなります。まったく反対にひっくり返ってしまうことも起こりえます。「これが正しい」と思って進めていたことを、足元からくつがえされることも多々あるでしょう。そんなとき、「複業」をしていれば大丈夫かというと、そういうわけでもありません。**不安定な中に身を置きながらもいまの状況を見極め、フットワーク軽く自分を変えていく力が、今後ますます必要になる**と思います。

女性はこれまでも、自分の都合以外で人生の変更を余儀なくされてきました。結婚、出産、子育てなどにより、自分ひとりだけの問題で仕事を語れないことが多々あったからです。新卒の総合職で入社しても、いったん退職してしまったら、ずっと在籍している人たちと肩を並べて出世することや高収入を得ることが非常に難しい状況に陥っていました。またそうなるのが嫌で、結婚、出産しながらも育休を使って頑張って働き続けても、子どもが小さいときには残業や出張をこなすことが難しく、重要なポストに就けないなどの悔しい思いをした人がたくさんいることでしょう。私も、結婚を機に新卒で入社した会社を辞めたとき、「自分はレールから離脱したのだな」という焦燥にも似た思いに駆られたことがありました。

でも、ちょっと視点を変えてみてください。**終身雇用の生き残りレースから早々とリタイアしたおかげで、まだ体力気力のあるうちに次のステップに進めるともいえるのです。**最近では、定年まで勤めあげるつもりで、あと数年となったところで、早期退職やリストラ対象になる人も数多く出てきました。そうなると、方向転換するならばもっと早いほうがよかったと思うかもしれません。映画で有名なタイタニック号に最後まで残り、ろくに泳げず海に呑まれてしまうか、小さなタグボートに早めに乗り移って次の生き残り方を考えるか。現状を見ると、後者に分がありそうです。

女性は子どもを産む・産まない選択で、どうしてもキャリアに大きな影響があります。どのタイミングで産むかは選択できないまでも、心構えは必要でしょう。だからといって、子育ては仕事の障害でしかないのでしょうか。出産、子育てが、働くということのデメリットでしかないような意見もありますが、私の個人的な意見としては、それはまったく逆のことだったと感じています。

たしかに、時間的制約などは受けました。幼稚園に子どもを行かせながらも、収入を得たい一心で、朝の3時から6時過ぎまで、室温5度の倉庫でコンビニに運ぶお総菜の仕分けをしたこともあります。配送先の支店ごとの箱が置かれた楕円状のレーンを、お総菜の入ったカートを押して何十周も回り、仕分けをしながら、「私はいま何をしているのだろう」と投げやりな気持ちになったことも覚えています。でも、さまざまな仕事を体験し、理不尽な同性同士の無理解に悔しい思いをし、徹底的に弱者の立場に追いやられた経験が、自分がリーダーとして人をまとめる立場になったとき、さまざまな状況に鷹揚《おうよう》になれるなど、その後もう一度キャリアを構築し直すにあたり、とても役に立ちました。子育てが私を本当の意味で大人にしてくれましたし、仕事をするうえでとてもいい学びを与えてくれたのです。

これから、私は50代後半に入り、これまで当たり前のようにできていたこともだんだんできなくなってくるでしょう。そうなったときは、仕事の内容もやり方も変えざるをえないかもしれません。でも、これも「複業」をしてきたことで、柔軟に対応していけると思うのです。

「複業」は変化に対する特効薬となる

＊　＊　＊

いかがでしょうか。「この見方なら私も賛同できるかも」「何か新しい事業を始めてみるのも大事かもしれない」という気持ちになりましたでしょうか。

みなさんもお気づきかもしれませんが、世の中の現象は光の当たる側がメリットであれば、その裏側の陰になるところはデメリットです。どんなものでも、１００点満点というものはありません。いま、私が挙げたメリットは、その裏を返せば負の面がもちろんあります。

それでも、人は成長し、老い、そして変化していきます。人生という川の中で、流れに逆らいその場所に立ち続けることは誰もできません。こんなはずじゃなかった。いま、まさにそう思っている方もたくさんいらっしゃるかもしれません。

もしそうであれば、「複業」をすることで、自分の手でその人生という名の川を力強く泳いで、その流れに漂うワクワクや心地よさを味わってみませんか。

次の章から、その泳ぎ方がスムーズにいくための「バランス」について、説明していきます。

さあ、一緒に人生の大海原へ舵をきって出航いたしましょう。

第3章

「複業」を始めるときのコツ

「複業」のための3つのバランス感覚を磨きましょう

バブル崩壊、リーマンショック、毎年のように起こる天災、そして、2020年に入って全世界を震撼させている新型コロナウイルスです。このあと世界がどうなっていくのか、確信をもって答えを言える人はいないのではないでしょうか。「誰にもわからない」、これがいちばん真実に近い答えなのかもしれません。

人生は選択の連続です。平穏な毎日であっても、人は日々、さまざまな選択をしながら生きていきます。そしていま、この世の中です。先のことが誰にもわからないからこそなおさら、風がどこからどう吹いてもフットワーク軽く動ける自分であるために、「複業」は非常に有効な手段です。では具体的にどうすればいいのでしょうか。

ずばり、3つのバランス感覚を磨くことです。**まずは「複業」を始めるときに考えたい、短期的なバランス感覚。**つぎに、**人生を100年と考えたときの、来たるべき環境や事態の変化に対応していく長期的なバランス感覚。**そして、**「複業」をこなしていくためのこころのバランス感覚**です。この章では、ひとつめの短期的なバランス感覚について見ていきましょう。

収入の質のちがう仕事を組み合わせる

仕事に「主」も「副」もないという私の考えは、すでにお伝えしました。そう考えたとき、**業種、働き方それぞれがバラエティに富んだ仕事を組み合わせることが、一見非効率なようで、リスク回避には役に立ちます。**

例えば業種については、新型コロナウイルスによって大打撃を受けた観光業などを考えるとわかりやすいかと思いますが、時代によって、勢いのある仕事、需要のある仕事は変わっていきますし、似たような業種の仕事を複数もつのでは、すべてが共倒れになる可能性もあります。

また、働き方については、例えば生徒さんから、

「先生、会社で事務の仕事をしているのですが、残業が減って会社も副業ＯＫが出たので、夜コンビニの仕事をしようと思うのですが、これも質のちがう仕事になるのでしょうか」

という質問を頂いたことがあります。残念ながら、これは私の複業の定義でいうとNOということになります。

なぜなら、どちらも「時間給で計れる給与収入だから」です。この働き方が悪いというのではありません。ただ、**時間当たりいくらというお給料の基本が変わらない限り、より稼ごうとすると、ひたすら労働時間が延びていくことになります。**結果、無理がたたって体を壊してしまっては、元も子もありません。

少し聞きなれない言葉が並ぶかもしれませんが、収入には給与所得以外にもさまざまな形態があります。くり返し書いている事業所得、賃貸などの不動産所得、ほかにも譲渡所得、山林所得、一時所得、雑所得などです（**図1**）。ちなみに、じつは税法上、「収入」と「所得」は意味がちがいます。「収入」は個人事業主の売上や、サラリーマンの給与＋賞与のこと。「所得」は個人事業主であれば売上－必要経費、サラリーマンであれば収入－給与所得控除のことです。ほかの場面や普段の会話では特別な定義であったり、またとくに区別をしなかったりするかもしれませんが、このページではそのような意味で用いています。

さて、話を戻して、1日が24時間というのは、誰もに平等に与えられています。そ

給与所得	勤務先から受け取る給料、賞与などの所得。
事業所得	農業、漁業、製造業、卸売業、小売業、サービス業その他の事業を営んでいる人のその事業から生ずる所得。
不動産所得	土地や建物などの不動産の貸し付け、地上権など不動産の上に存する権利の設定及び貸し付け、船舶や航空機の貸し付けによる所得。 ※事業所得又は譲渡所得に該当するものを除く。
譲渡所得	一般的に、土地、建物、株式、ゴルフ会員権などの資産を譲渡することによって生じる所得。
山林所得	山林を伐採して譲渡したり、立木のままで譲渡することによって生じる所得。 ※山林を取得してから５年以内に伐採又は譲渡した場合は、山林所得ではなく事業所得か雑所得となる。 ※山林を山ごと譲渡する場合の土地の部分は、譲渡所得になる。
一時所得	懸賞や福引きの賞金品（業務に関して受けるものを除く）や競馬や競輪の払戻金、生命保険の一時金や損害保険の満期返戻金等、営利を目的とする継続的行為から生じた所得ではなく、また労務や役務の対価や資産の譲渡による対価ではない一時の所得。
雑所得	給与所得、事業所得、不動産所得、譲渡所得、山林所得、一時所得のほか、利子所得、配当所得、退職所得のいずれにも当たらない所得。例えば、公的年金、非営業用貸金の利子、副業にかかわる所得（原稿料やシェアリングエコノミーにかかわる所得など）など。

図１　さまざまな所得

の中でワーク・ライフ・バランスを整えるには、自分の余暇、そして家族と過ごす時間も大切でしょう。そのためにも、**時間給換算以外の所得をもつことが大切になってくる**のです。

「であれば、事業所得だけのほうが効率よく稼げるのでは？」という意見も聞こえてきます。でも、ちょっと考えてみてください。さばききれないほどのインバウンドで稼いでいた通訳の人が、新型コロナウイルスひとつで、まったく仕事がないと青ざめているのも現実です。この何が起こるかわからない世の中で、商売というのは浮き沈みが大きいのです。

ですので、何か事業を始めるとして、収益が安定しない起業のスタート時には、事業をゆっくり着実に育てるためにも、時間給の仕事も組み入れて始めることをお勧めします。

ちなみに、私は収益の柱を３つに分けて組み立てています。県から請け負っている就労相談は派遣業なので、時間給の仕事です。保険の営業は出来高報酬なので時間給に換算できない仕事、そのほかのセミナーなどは不定期収入の仕事という風です。

ただ、時給である程度稼ぎ、安心して事業に取り組めたとしても、今度は別の注意が必要になってきます。それは、失敗しても生活は何とかなるという甘えから、少しうまくいかないとすぐに事業をあきらめてしまうこと。意外と、そういう方が多いのです。そういう意味では、退路を断ってひとりでも頑張るという形もありますね。ご自身の気質なども考えながら、よいパフォーマンスを気持ちよく続けられる方法を模索してみてください。

給与収入で効率よく稼ぐのであれば、資格が時間給に反映されるようなものだと、より短時間で効率的に収入を確保することができます。今後有望なものとしては、需要が高い看護師、介護士関係、保育士や精神保健福祉士やキャリアコンサルタントなどの心理関係が挙げられます。また、ＡＩに取って代わりにくい資格は時間給に有利に働くことが多いでしょう。

「扶養範囲」にとらわれずに働くほうがいい

パートや派遣社員であっても社会保険に加入できるのであれば、**目先の手取りは減ったとしても、誰かの扶養に入るのではなく、ご自身が加入することをお勧めします。**

「配偶者の扶養範囲内で働かないと損」。そんな言葉を聞いたことはありませんか？でもいったい、扶養とは何で、本当に扶養範囲内でないと損なのでしょうか。そのあたりを、詳しく説明してみたいと思います。

まず扶養とは、親族から経済的援助を受けること。多いパターンとしては、結婚している場合は、その配偶者。例えば専業主婦であれば、自分で保険料を支払った覚えもなく、「配偶者が払ってくれているのかなあ」なんて何となく考えている人も少なくありません。

ところがそんなことはなく、専業主婦は「第3号」と呼ばれる被扶養保険者になるのですが、じつはこれに該当する人は、まったく保険料を払うことなく、その権利だけを受けているのです（**図2**）。

この第3号という定義は、第2号（会社員・公務員）の被保険者の配偶者となっています。第1号（自営業）の配偶者は第3号にはなれず、その配偶者も第1号となり、年金を1人分払わなければなりません。

これだけ考えると、第3号は第1号、2号に比べて圧倒的なお得感があります。こんなお得な第3号ですが、第2号の配偶者であればみんながなれるわけではありませ

第 1 号被保険者	日本国内に住んでいる、20 歳以上 60 歳未満の自営業者、農業・漁業者、学生および無職の人とその配偶者（厚生年金保険や共済組合等に加入しておらず、第 3 号被保険者でない人）。
第 2 号被保険者	厚生年金保険や共済組合等に加入している会社員や公務員。 ※ 65 歳以上の老齢基礎年金などを受ける権利を有している人は除く。
第 3 号被保険者	第 2 号被保険者に扶養されている配偶者で、原則として年収が 130 万円未満の 20 歳以上 60 歳未満の人。 ※例外あり。

図２　第１～３号被保険者のちがい

ん。そこで呪文のように出てくるのが、１０６万や１３０万という数字です。

簡単にいうと、年に１０６万円以上、あるいは１３０万円以上を自分で稼いでいる人は、被扶養保険の第３号ではなく、自分も第２号になって保険料をしっかり払ってねという決まりがあるのです。これらの金額を超えて稼いでしまうと、社会保険料（健康保険・公的年金）が自分の収入から引かれるようになります。そこで、これらの数字の境界線あたりでは、少しはみ出しただけで手取りが減ってしまう、収入の逆転が起こることがあるのです。

そうなっては一大事と、みなさん、収入が扶養範囲内金額のぎりぎりになるように抑えようとするわけですね。ちなみに１０６万と１３０万とふたつ数字があるのは、社会保険加入義務の条件がいくつかあるからです。ざっくりいうと、従業員501人以上の大企業に勤めている場合は、年収が106万以上（月々約8万8000円、週20時間以上）で、従業員が501人未満の場合は、年収が130万以上で被扶養保険を外れ、自分で社会保険に加入しないといけなくなります（**図3**）。

ですのでこのセミナーを開催すると、みなさん真剣に受講され、自分の場合はどうだろうと頭を悩ませていらっしゃいます。

この扶養というテーマに対しては、社会保険だけでなく、所得税、住民税、配偶者の会社の配偶者手当など、ほかにも手取りが増減する要素が複雑に絡み合っています。この本ではそれぞれの細かい説明は割愛させていただきますが、これらが今後どの方向に進んでいくかを説明したいと思います。

今後、この第3号被扶養者保険は、ますます縮小の道をたどっていくでしょう。現に制度が目まぐるしく変わり、扶養の対象範囲を見直す検討委員会は毎年開催されています。

なぜならば、同じ専業主婦という立場でも、会社員の配偶者は社会保険料が無料で、

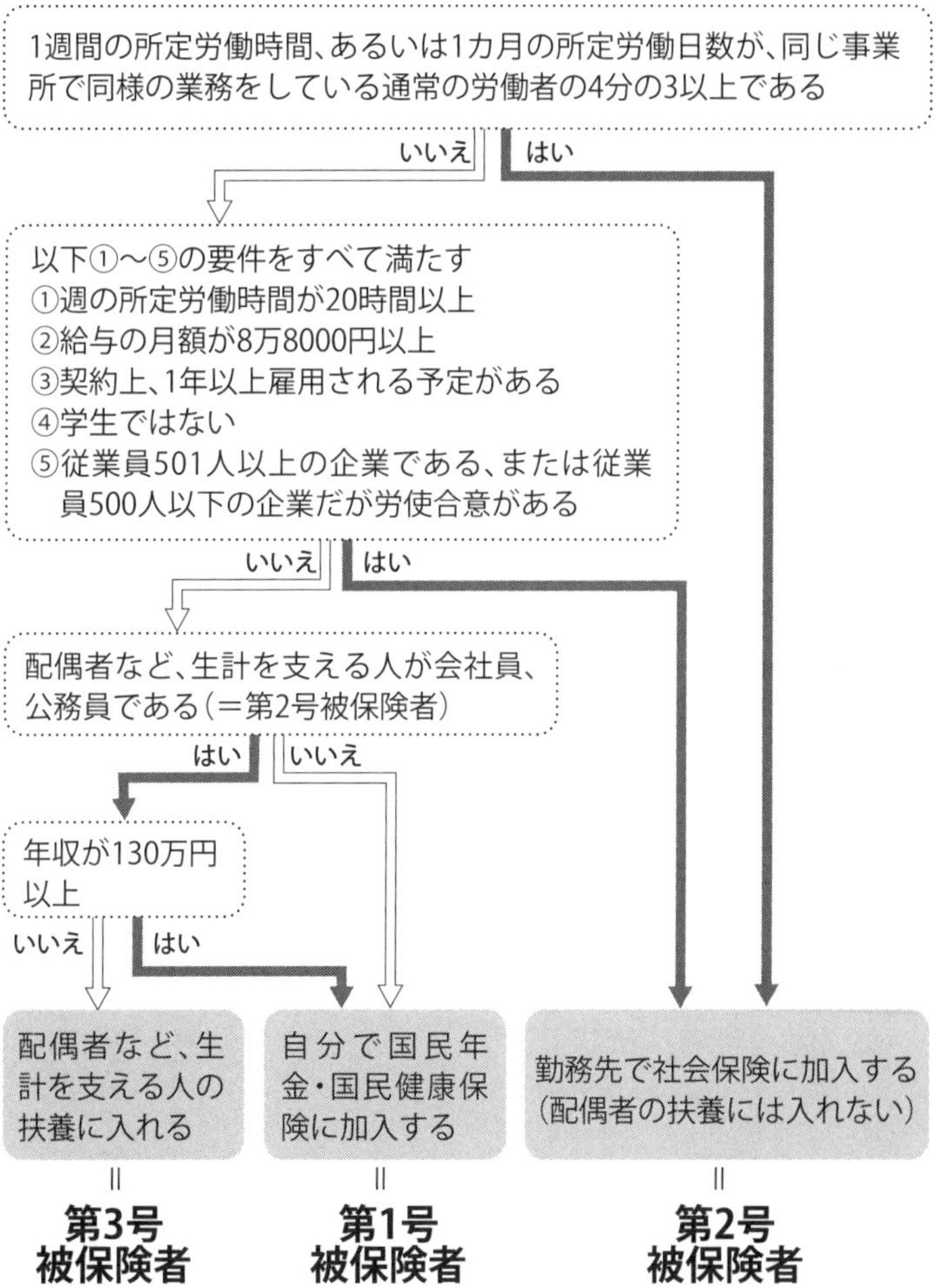
1週間の所定労働時間、あるいは1カ月の所定労働日数が、同じ事業所で同様の業務をしている通常の労働者の4分の3以上である
いいえ
はい
以下①〜⑤の要件をすべて満たす
①週の所定労働時間が20時間以上
②給与の月額が8万8000円以上
③契約上、1年以上雇用される予定がある
④学生ではない
⑤従業員501人以上の企業である、または従業員500人以下の企業だが労使合意がある
いいえ
はい
配偶者など、生計を支える人が会社員、公務員である（＝第2号被保険者）
はい
いいえ
年収が130万円以上
いいえ
はい
配偶者など、生計を支える人の扶養に入れる
自分で国民年金・国民健康保険に加入する
勤務先で社会保険に加入する（配偶者の扶養には入れない）
II
II
II
第3号被保険者
第1号被保険者
第2号被保険者

図3　あなたは第何号？　社会保険加入の判断

自営業の配偶者はひとり分支払っているという不平等な制度になっているからです。まだ検討中のようですが、年収83万円を区切りとするという案もあがってきています。

このように、**今後どうなるかわからない制度にとらわれて、自分の働き方を狭めてしまうのは、あまり得策ではない**ように思います。

パートナーと連携してライフプランを立てる

いま、あなたが結婚していてパートナーとともに人生を歩んでいるのであれば、あるいはその予定があるのならば、自分のキャリアだけで考えるのは得策ではありません。**お互いの収入と時間配分、そして仕事内容を棚卸しして、共倒れにならないよう、リスクを年代ごとに分散して考えておく**といいでしょう。

まず、収入の柱はどちらが担っているでしょうか。一方がずっとその責任を背負う必要はありません。お子さんが小さい間など、「Aは働く人、Bは世話をする人」のように、0か100のどちらかだけとする必要もないでしょう。また、何でもかんでも平等に半分ことというのも、非効率的な問題が起きてきます。ワンオペ育児で精神的に追い詰められず、助け合うところは助け合い、育児休業や時短なども互いに取り合って子育てに取り組むのがいいのではないでしょうか。ひとりは正社員で有休や育休などの制度に守られ、ボーナスなどの保証も確保し、もうひとりはフレキシブルな働き方で子育ての急な対応に応じられるようにするなど、保証とフットワークの良さをそれぞれの立場で生かし合うといいと思います。

そのときに**大切なのは、多く稼いでいるほうが偉いというような、経済的価値観で互いを評価しないこと。**お互い様の気持ちと相手へのリスペクトを忘れないようにしっかり話し合えると、よりいいですね。

これはお子さんのいる夫婦に限りません。例えばＤＩＮＫｓ（ダブルインカム・ノーキッズ）夫婦であっても、介護や本人の病気など、いつ何時働けない状態になるかわかりません。お互いの収入や時間配分、仕事のバランスを常々考えておくことで、介護の問題などが浮上したとき、そしてどちらかが病気になったときなどは、ふたりで協力してその問題を解決していくことができます。

また、主たる稼ぎ手が自営業などで保険が第1号である場合、パートナーは同じ仕事を手伝うのではなく、別の仕事（パートなど）に出ることをお勧めします。同じ仕事をふたりでする場合、うまくいっているときはいいのですが、経営が苦しくなってきたとき、共倒れになりかねません。

家族単位でも質のちがう仕事をしておくと、どちらかが沈んでももう一方がフォローするという風に助け合うことができます。

このように、家族の総手取り収入と今後の展開を考えて相談しながら、仕事内容のバランスと役割分担の配分を決めていきましょう。

未だに感情で「子どもは母親が育てるべき」とか「妻は家にいるべき」などの考えを化石のごとくもっているパートナーがいましたら、ライフチャートをつくってそれを見せながら、具体的な事例を出して役割を相談してみてください。

64〜67ページに、ライフチャートの例と、書きこめる空白のチャートを用意しましたので、ぜひご活用ください。

考えるのは「夫婦の役割」よりも家の状況

私の場合ですと、収入は、結婚するまでは、会社勤めと司会業の二足のわらじを履いていた私のほうが夫よりも多かったと思います。結婚後は私は会社を辞め、司会業の事務所を立ち上げ、やはりバリバリと稼いでいました。このときは第1号被保険者です。ただ20代のうちに子どもがほしかったので、そうなったときに生活の質をいきなり落とさなくてもやりくりできるように、夫の収入だけで基本的な生活費を賄い、あとは今後の出費に備えて貯金をしておきました。

子どもが生まれてからの約10年は、夫が転勤族だったため、ほぼ専業主婦状態。このときはもちろん、夫の扶養家族、つまり第3号被保険者になっていました。仕事は結婚式の司会を月に1度する程度。そのときの夫の仕事は土日が休みだったので、土日は子どもの世話は夫がし、私は仕事に行っていました。お互いに実家が離れていたので、たとえ実家に子どもを預けたとしても、夫婦で時間的拘束の高い正社員になるというのは、現実的に厳しかったのです。もし私が時給で働くパートであれば、就労

3年後	R5.4月	5年後	R7.4月	10年後	R8.4月
34　歳	時間配分	36　歳	時間配分	41　歳	時間配分
週1or3くらいのアルバイト	10%	9:30〜13:30くらい、週3〜5行く	30%	8:30〜17:00 フルでパート勤務	50%
健康を守る食事づくりをする	80%	子どもの時間を大切にしたい	60%	家族の話をよく聞く環境づくり	40%
家族旅行に行けたらいいな	10%		10%		10%
少しずつ社会復帰を図る		自分時間と家族の充実		収入アップ	
36　歳		38　歳		43　歳	
5　歳		7　歳		12　歳	
年長		小学校2年生		中学校入学	
1　歳		3　歳		8　歳	
・卒乳したい ・スイミングへ通う		幼稚園入園		小学校3年生	
歳		歳		歳	
歳		歳		歳	

・ダイエットして、せめて5kgはやせたい。

・電話応対の仕事も興味あり。

・館内アナウンスも以前していたのでやってみたい。

・在宅ワークにも興味がある。

ライフチャート（例）

		現在	R2.4月	1年後	R3.4月	2年後	R4.4月
私 ＊まずは、働くことに慣れることから始めたい（3年近く専業主婦のため）	年齢	31 歳	時間配分	32 歳	時間配分	33 歳	時間配分
	仕事	週1or3くらいのアルバイト	10%	週1or3くらいのアルバイト	10%		0%
	勉強	アドラー心理学の復習。実践	10%			幼稚園免許更新	
	家庭	料理の幅を広げる	70%	子どもとの時間を大切に。	80%	イライラせず笑顔でいる	90%
	趣味遊び	ご近所さんと親密になりたい	10%	ウォーキング等たくさん歩く	10%	ダイエットも兼ねたくさん歩く	10%
	モットー	時間配分を考えて動く		新生活に慣れる		夫との連携を強化！	
夫	年齢	33 歳		34 歳		35 歳	
	33	人間ドックに行く				健康に注意	
娘	年齢	2 歳		3 歳		4 歳	
	2歳半	・トイトレ本格スタート ・英語サークル始める		幼稚園入園		年中	
第2子	年齢	歳		歳		0 歳	
		11月～に妊娠したい		7月末～8月中に出産したい		・母乳育児 ・早寝早起き	
	年齢	歳		歳		歳	
	年齢	歳		歳		歳	

【私の夢】

・10年以内に、保育や幼稚園の仕事をもう1度してみたい。
　→教諭免許更新（R4.2.1～R6.1.31）

・宝くじ販売の仕事に興味あり。（時短・経験有）

・新たな資格にチャレンジしたい（何が向いているかわからないけど）。

・子どもと共通の習い事をして、お互い高め合いたい
　（習字とかピアノとか）。

3年後		5年後		10年後	
歳	時間配分	歳	時間配分	歳	時間配分
	歳		歳		歳
	歳		歳		歳
	歳		歳		歳
	歳		歳		歳
	歳		歳		歳

ライフチャート　自由に書いてみましょう。

		現在		1年後		2年後	
私	年齢	歳	時間配分	歳	時間配分	歳	時間配分
	仕事						
	勉強						
	家庭						
	趣味 遊び						
	モットー						
	年齢	歳		歳		歳	
	年齢	歳		歳		歳	
	年齢	歳		歳		歳	
	年齢	歳		歳		歳	
	年齢	歳		歳		歳	

【私の夢】

時間の短さから保育園に子どもを預けるのは難しく、仕事そのものをあきらめていたでしょう。

その後、夫の会社が計画倒産すると知り、その当時、私は契約社員で働いていたのですが、すぐに社会保険に加入できる正社員で働こうと決心しました。夫は無職となり職業訓練などに行って失業手当を受け、私がフルタイムで働くという風に、ほぼ1年間役割を交代しました。

正社員にこだわったのは、企業の社会保険ではなく国民健康保険で過ごすと、子どもの扶養人数によって保険料が変わり、かなり高い保険料を払わなければならないと知ったからです。私は第2号被保険者となり、子どもたちはすぐに私の社会保険の扶養に入れました。そうすることで、社会保険料を抑えました（配偶者も扶養に入ることはできるのですが、失業給付の条件によっては扶養に入れない場合があります）。

「夫だからこう」「妻だからこう」という既成概念にとらわれず、その時々の状況に応じて、柔軟に対応していくことが重要です。ライフチャートは目安にしつつ、何度でもアップデートしていきましょう。

資格を取るときに気をつけたいこと

産休・育休などから仕事を再開するときや、転職を考えているときに、「とりあえず、何か資格でも」

そんな話をよく聞きます。

もちろん、資格は仕事を組み立てなおすときに、とても有効なアイテムであることは間違いありません。ただ、取り方やそのタイミングを間違うと、せっかくお金をかけて取った資格が生かされないこともあります。上手にその資格を生かすポイントをご説明致しましょう。

◆資格には旬がある

資格の旬とは？　これにはふたつの意味があります。ひとつは、時代の流れの「旬」です。**時代から必要とされなくなった資格をいくら取得したとしても、その努力に見合った評価はまずしてもらえません。**

２０１４年、オックスフォード大学のマイケル・A・オズボーン教授が発表した論文が世界中の話題となりました。10年後に、いまある職業の半分がなくなるというのです。その中には銀行窓口や予約受付係、レジ係などが入っていました。その当時は半信半疑で聞いていましたが、現在、大手の某アパレルショップではレジかごを置いただけで精算ができるようになりました。すでに体験している人もいるのではないでしょうか。大手スーパーの主催でキャッシャーコンテスト（レジ係の全国大会）というものも催されているようですが、この様子では、そのうちなくなってしまうかもしれませんね。

また、国家資格なら安心というわけでもありません。それに、国家資格の中でも、その資格がないと業務ができないものと、なくてもできるものがあります。医師、看護師、税理士、弁護士などは資格を取らないと業務そのものをすることはできません。一方、私がもっているFPは国家資格ですが、この資格をもっていないとできない業務というのはありません。その分前者と後者では、資格の希少価値がちがってきます。

民間の資格の中から国家資格に認定されるもの、民間であっても歴史と信用があり、いままでも採用試験や仕事に大きな信用を得ているものもたくさんあります。将来を見すえて、10年後でも需要があるのか、世の中に通用するのか、そのような目で選択していくことが大切です。

もうひとつは、自分の人生においての「旬」です。例えば、これは私の知り合いの公認会計士の先生が教えてくださったのですが、簿記の２級と１級の難易度の差はとても大きいそうです。１級を取るには、限られた時間内に視線を素早く動かし、正確に答えを出していく力量が必要で、動体視力が強くないと難しいそうです。そんな話を聞いてびっくりしましたが、となると年齢によるハンディキャップが出てくるでしょう。ＳＥ（システムエンジニア）も現役は35歳までという話を聞いたことがあります。**いくら自分が好きであっても、加齢によるハンデが大きくなる資格を50歳過ぎて取得しようとするのは、なかなか労多くして功少なし**というわけです。これはもちろん、すべての人に当てはまるというわけではありません。

一方、カウンセラーなどの業務はどうでしょう。これは反対に年齢や経験を重ねるほうがスキルもあがり、年齢がマイナスになるというのは少ないかもしれません。

いま、自分が人生というトラックのどの位置にいるかを認識し、これから社会はどのように動いていくか、ふたつの「旬」を意識して、取るべき資格を検討しましょう。

◆資格は取ったらすぐ使う

「いま時間があるから、何か資格でも取ろうかなあ」

これもよく聞く言葉です。そんな風に思ったことはありませんか。

もちろん何かにチャレンジすることは大事です。ただし、資格は取ったらすぐ使うこと。つまり資格を取る前に、使える環境を整えておくことをお勧めします。その資格を使う日から逆算して勉強を始めるといいでしょう。子育て中の方なら、自分がいつ仕事に就けるか、子どもの年齢に合わせて期限を区切り、そこから逆算して資格を取得する計画を立てるようにしましょう。

なぜなら、**資格は取ったときがいちばん知識も豊富で、学んだ学校、ともに学んだ仲間からの情報も多く、仕事のチャンスに結びつきやすい**からです。これが何もしないまま放置しておくと、日を追うごとに記憶は薄れてきて、それを使うことすら怖くなるでしょう。年数がたてば法律や制度が変わってしまうことも多々あります。

そもそも、資格と経験どちらが大事かと聞かれたら、その資格を取らないと業務につけないものは別として、私は経験が大事だと答えます。

例えば、女性に人気の医療事務、こちらは資格がなくてもできる仕事です。この資格が誕生した当初は、資格保有者も少なく、資格をもっていると一般の診療受付より時給が高かった時期もありましたが、この資格を取っておくと有利だというイメージが先行しすぎて、資格取得者が増えてしまいました。その結果、いまだに人気資格なのですが、これをもっていることで時給がちがったり、採用に有利に働いたりするという差別化はされにくくなっています。

ですので、資格をもたないまま病院の受付業務の仕事に就き、この仕事が向いていると思ったら資格を取るくらいでも遅くはないでしょう。そして資格を取得して、転職する際に受付の業務をしていたという経験とあわせることではじめて、その資格が評価されるくらいに考えるのがよさそうです。

◆資格は掛け合わせで

民間の資格には、似たような資格認定講座が山のようにあります。「資格は深掘りよりも横掘りを」と、私はセミナーなどで生徒さんに話をします。その分野においてとことん研究したいというのなら別ですが、**必ずしも、深く知っていくことが仕事や収入に結びつくとは限らない**からです。

例えば、私の友人でホームページ制作を請け負っている人がいます。彼女自身の説明によると、自分のホームページ制作スキルは、素人に毛が生えたようなものだそうです。プログラミングで、自分より知識も技術も卓越した人はこの世にごまんといると言うのです。でも、彼女のもとにはひっきりなしに依頼がきます。じつは私のホームページも彼女にお願いしました。

ホームページをどのように使うかによってもちがうのですが、私のように信用を得る目的で使うホームページであれば、凝ったページではなく単純なつくりでも、安くてセンスがよければ十分なわけです。ところが世にいうオタク道を極めたような方で、そのセンスのある人が少ない。ということで、ターゲットをしぼり、その費用対効果が高く、かつセンスのいい彼女に仕事が舞いこむわけです。

私は人生がもう平均寿命の半分近くに差し掛かりそうな年代なのでとくになのですが、資格取得にどこまで時間を費やすかということも考えなくてはいけません。ひとつのことを極めるというのは途方もないエネルギーと時間がかかるものです。

であれば、**浅く広く、いろいろなものを掛け合わせることで、自分の希少価値を高めていってもいい**のではないでしょうか。つまり、１００人にひとりの割合で資格保有者がいるとすると、その専門知識・スキルをもっている人はほかにもたくさんいるということになります。でも、別の分野でまた１００人にひとりの割合でもっている資格を取得したとすると、それらの保有資格を掛け合わせれば1万人にひとりとなり、もうひとつ掛け合わせれば１００万人にひとりの自分になれます。

例えば、私のもっているFPの資格があります。この資格をもっている方はごまんといるでしょう。一方キャリアコンサルタントの資格があります。これもいま人気の資格のひとつで、保有者が急激に増えてきました。このふたつを掛け合わせてみると、社会保険、所得税、住民税などの知識を生かしたセミナーができるわけです。しかもセミナーでは、司会業で鍛えた声や話し方が役に立ちます。

私よりも専門性の高い専門家はもちろんたくさんいます。ただ、税理士さんは税のことだけ、社労士さんも社会保険のことなら詳しいけれど国民健康保険のことは意外と知らない、そして知識はあっても一般の人がわかりやすいように説明することが苦手、そんな場合が案外あるのです。

なんの接点もない仕事をばらばらにやると、それこそ身体や時間がいくらあっても足りなくなるでしょう。だけど、**少し関係性のあるような仕事を幅を広げて自分のも**

のにしていくことで、あなたしかできない仕事になります。

私が、5つ掛け持ちをしている仕事をフルで活用するとこんな風になります。

「和み彩香」という色彩心理に基づいたカウンセリングをする

⬅

大体テーマは仕事・お金・恋の話の大きく3つに分かれる

⬅

仕事やお金の話であればキャリアチェンジや今後のライフプランの相談

⬅

FPとしてキャッシュフロー表（時系列で収支を具体的に表で表したもの）を作成して今後の見通しを立てる

⬅

保険や資産形成などの提案

⬅

保険の契約

➡その後資産形成のための投資や各種セミナーのご案内

これが、掛け合わせで仕事を展開していくメリットのひとつでもあります。

損益通算を生かして節税を

事業収入を考えるとき、大きな特徴のひとつに「経費」というものがあります。これまでふつうに家で使っていたパソコンやプリンター、インクカートリッジなども、事業に使用するとなると、経費として認められる部分が出てきます。また大きな資産である自動車も、仕事で使うのであれば、その分「減価償却」で経費として計上することができます。「減価償却」とは、会社で使うものを購入した際、「長く使用するものは、長い時間をかけて費用にしていく」という考え方です。

このようにすると、これまでは「消費」であった出費が「経費」となります。すると、どんなことが起こるのでしょうか。

例えば、働いて給与収入を得ながら、一方で事業収入として不動産収入を得るとしましょう。いわゆるサラリーマン大家さんです。まずサラリーマンとしては年５００万円の給与があり、税金が20万円で確定したとします。

一方、事業収入で赤字が発生することがあります。1年間を通して収入より経費が多かったり、減価償却が収入より多い場合です。２０００万円のマンションを購入して家賃を月10万円で貸したとして、利息や、諸手続きなどの経費に60万、そして減価償却として１４０万円を経費として挙げると、不動産の収支は「１２０万の家賃収入－（諸手続きの経費60万＋減価償却費１４０万）＝－80万円」の赤字となります。

結果、給与収入５００万円に事業収入がマイナス80万円なので、その人の1年間の収入は４２０万円となります。すると、一度給与収入の５００万円で計算された税金は４２０万円の収入として再計算され、その差額が戻ってくるのです。

このように、一定期間内の利益と損失を相殺することを「損益通算」といいます。**損益通算をすることにより、収入の圧縮をすることができ、税金を少なく抑えることができる**のです。収入は圧縮されますが、必要なものは経費で落としているので、何かを我慢しなければならないわけではありません（**図4**）。もちろん、何でも経費と

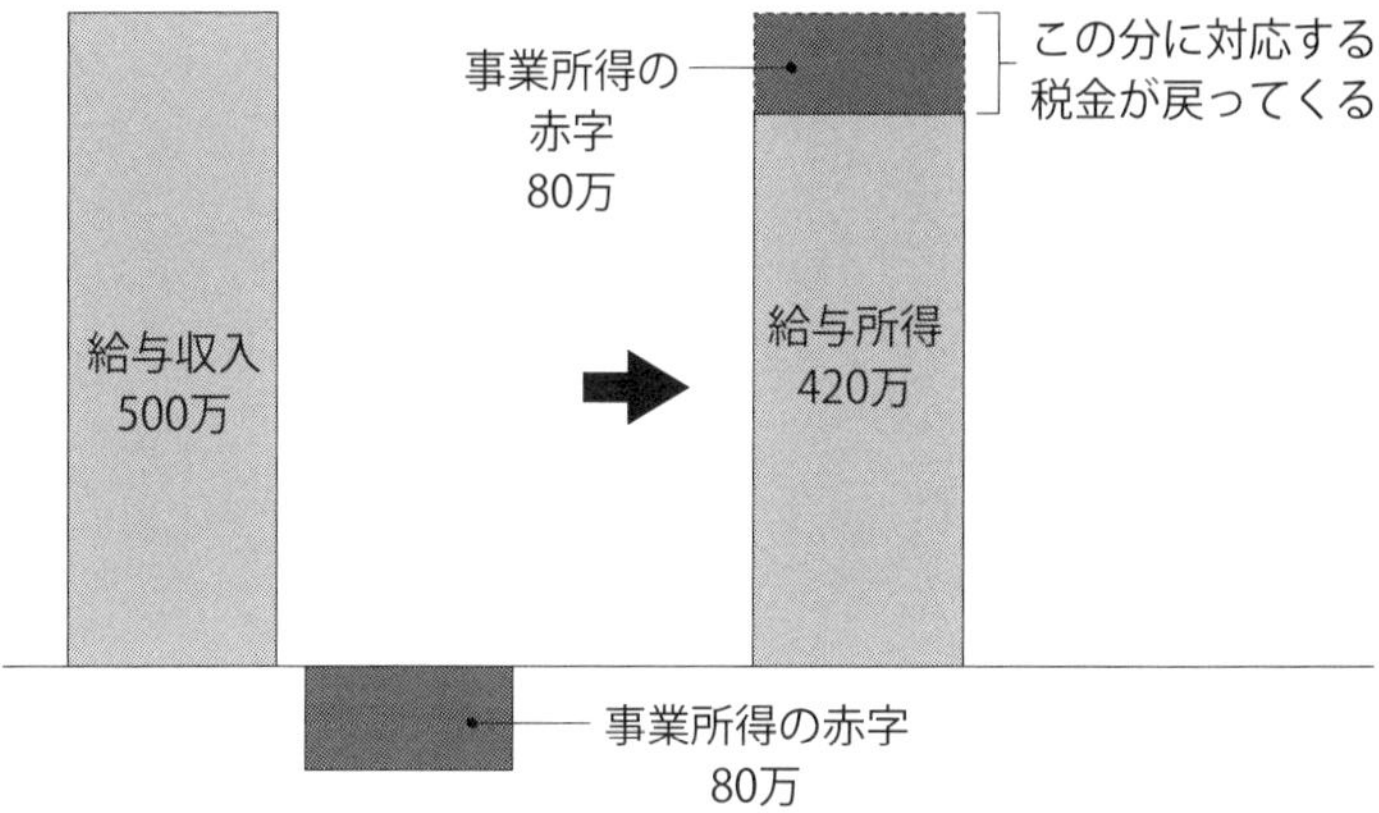

図４　損益通算のイメージ

して認められるわけではありませんし、その業種によって認められたりそうでなかったりすることがありますが、それでも、こんなに簡単に節税できるのは魅力的ではありませんか？

給与収入では、じつはこの経費となる部分は「給与所得控除」となっています（源泉徴収票を見てみてください）。ですが、「サラリーマンはガラス張り」といわれるように、サラリーマンの給与収入は給与所得控除も年末調整も会社で行われるため、税務署に１００％把握されているといっても過言ではありません。そんなわけで、サラリーマンのほとんどの方は、節税をすることは無理とあきらめモードです。たしかに、給与収入に赤字という概念は発生しませんね。それでも、事業収入をもつことで損益通算を使った節税ができる。これはぜひ覚えておいてください。

経理の基礎的な知識はもっていて損はありません。じつは私は簿記の資格を取ってないのですが、はじめて勤めた会社が小さな会社で、総務部というくくりで新卒採用だけでなく、社会保険や経理のことも教えてもらいました。そしてフリーランスになってからも税理士に頼まずずっと自分で確定申告をしてきたおかげで、不自由なく経理処理ができ、確定申告書をつくって提出しています。

年末調整を会社にしてもらったら、もう確定申告できないと思っている人もときどきいますが、そんなことはありません。「複業」で活き金を手元に残すためにも、年末調整を会社に任せっぱなしにするのではなく、確定申告は会社勤めのうちから自分でやってみることをお勧めします。年末調整では取り扱わない医療費控除や雑損控除などだけでなく、ふるさと納税、保険料控除、地震保険控除なども、一度自分で確定申告をしてみてはいかがでしょうか。

投資はできるだけ若いうちからチャレンジを

もうひとつ、**30代40代のうちにぜひチャレンジしてほしいのが、お金にお金を稼がせること、つまり投資の経験を積むこと**です。私は短大卒の友人が大手の証券会社に就職したことがきっかけで、20歳の頃から証券会社に口座を開き、投資を続けてきました。その間にバブル崩壊、リーマンショック、アジア通貨危機などいろいろありましたが、振り返って思うことは、投資の勉強を若い頃から続けてきて本当によかったということです。

10年前、何の当てもなく会社を辞めてフリーランスになったときも、家計のひとつの支えとなったのが投資で築いた資産でした。もちろん増減はありますが、「平均月7万円を投資で稼ぐことができるはず」、その思いが先行き不透明な事業に対する不安な気持ちを払拭させてくれました。いまでも、投資は私の複数の収入ポケットの大切なひとつになっています。投機をする必要はありません。投機は投資とちがい、ギャンブルです。

いまは1万円からでも株を買える時代です。また、NISA（ニーサ・少額投資非課税制度）やiDeCo（イデコ・個人型確定拠出年金）など、税制面でも優遇された投資が出てきました。

このふたつは、いますぐにでも、始めるとよいでしょう。ただ、「やってみたいけどよくわからなくて、結局まだ始めていない」という声もよく聞きますので、簡単にご説明いたします。

まずNISAについて。そもそも、**投資で得られた利益には、ふつうは所得税と住民税がかかります。これが5年間非課税になりますよ、というのがNISA**です。

NISAを始めるときには、まず銀行や証券会社に新規口座を開きます。このNISA口座では、毎年120万円までの金融商品（株式や投資信託など）が購入可能です。ちなみに、この120万円のことを、金融庁のウェブサイトでは「非課税投資枠」といっています。この口座で購入した金融商品で得た配当金や、値上がりしたあとに売却して得た利益（譲渡益）が、購入した年から数えて5年間、課税されないのです。非課税で保有できる投資総額は最大600万円となります。

非課税期間の5年間が終了したときには、保有している金融商品を翌年の非課税投資枠に移す（ロールオーバーする）ことができるほか、ＮＩＳＡ口座以外の課税口座（一般口座や特定口座）に移すこともできます。なお、ロールオーバー可能な金額に上限はなく、時価が１２０万円を超過している場合も、そのすべてを翌年の非課税投資枠に移すことができます。

現在、ＮＩＳＡは２０２３年までの制度とされていますが、少し制度が変更された「新ＮＩＳＡ」が２０２４年から始まることになり、金融商品の購入を行うことができるのは２０２８年までです。２０２８年中に購入した金融商品についても5年間（２０３２年まで）非課税で保有することができます。

つぎにｉＤｅＣｏですが、**ｉＤｅＣｏは個人型確定拠出年金という名前のとおり、年金制度のひとつ**です。自分で拠出した掛金を自分で運用し、資産を形成し、60歳以降にその掛金＋運用益を「老齢給付金」として受け取ることができます。

ｉＤｅＣｏの最大の特徴は、３つの税制優遇です。

まずひとつめは、掛金の全額所得控除です。確定拠出年金の掛金は、全額「小規模企業共済等掛金控除」の対象となり、課税所得額から差し引かれるため、所得税と住民税が軽減されます。

ふたつめは、iDeCo内での運用益が非課税となること。通常、金融商品の運用益は課税対象となり、約20%が徴収されます。しかしiDeCo内の運用商品の運用益については、非課税扱いとされています。

3つめは、受給時に所得控除を受けられることです。受給年齢に到達して、老齢給付金を一時金として一括で受給する場合は「退職所得控除」、年金で受給する場合は「公的年金等控除」の対象となります。

もちろん、NISAやiDeCoにはメリットばかりでなく、購入代金よりも金融商品の価格が下がってしまう「元本割れ」するかもしれないなどのデメリットもありますが、そのリスクをしっかり把握して運用することにより、資産を形成することができます。

投資をすると、社会の流れを読む目も養われてきます。たとえ10万円でも、自分のお金が動くと一喜一憂し、真剣に日経新聞などに目を通す私がいました。

これだけ低金利が続く世の中です。投資を上手に組み入れてぜひ自分の安心のタネにしましょう。

コラム 遺族年金について知っておきましょう

できればあってほしくないことですが、国民年金や厚生年金を納めていた家族の主軸となる人が亡くなった場合、遺族年金はどのようにもらえるかご存じでしょうか。遺族年金といっても、大きく分けて「遺族基礎年金」と「遺族厚生年金」がありますが、誰もが両方もらえるというわけではありません。

遺族基礎年金の受給資格は、18歳未満の子をもつ配偶者か18歳未満の子となっています。ということは、基本的に子どもが18歳まで（18歳になった年度の終わりまで）しか給付を受けられません。また、社会保険である遺族厚生年金は対象者や受給条件も基礎年金より広いのですが、①亡くなったときに加入していること、②25年以上社会保険（国民年金、厚生年金あわせて）に加入していることが給付の条件となります。

これらを踏まえ、私は社会人になって社会保険に加入後、25年以上経ってから独立する（第1号被保険者となる）ことをお勧めしています。

わが家は一時期、この給付してもらえないポケットに入りかねない状態になったことがあります。夫は23歳から働き始めて社会保険に入り（その当時は20歳以上、皆加入という制度ではなかったのです）、46歳のときに会社が倒産したので、社会保険加入期間が23年9カ月の状態で国民健康保険になりました。さきの条件に当てはめてみると、このとき亡くなったとしても、下の娘が10歳でしたから遺族基礎年金はもらえるのですが、遺族厚生年金はもらえないということになるのです。「23年も社会保険料を払い続けているのにまさか！」と思いましたが、どう調べてもそれ以上のもらえる手立ては出てきません。国民年金を払いながらでも、とりあえず25年の加入期間が過ぎるまでドキドキしたものです（期間というのは国民年金でも社会保険でもカウントされます）。その後、老齢給付年金は10年以上加入期間があればその割合なりに給付されることになりましたが、遺族厚生年金の給付条件は25年のまま変わっていません。ですので、第1号被保険者となる個人事業主・自営業には、できれば払い込む保険期間が25年過ぎてからなるか、万が一のときの備えを多めに用意しておくと安心でしょう。

第4章

時代と環境の変化に備える

人生をシミュレーションする

私たちは、日々成長しています。ただ、上り坂であっても難なくこなせる時期もあれば、気力はあっても体力や能力が追いつかない下り坂の時期もいずれ訪れるでしょう。そのタイミングは人それぞれです。自分を取り巻く環境でも、20代から子育てに奮闘している人もいれば、30代までキャリアを積んで、そこから子育て時期に入る方、ひとりの時間を楽しみながら仕事を続ける方、そこに介護の問題、自分の病気、家族のアクシデントなど複雑に絡み合って、こうしていれば大丈夫という絶対的な安心は、いつまでたってももてません。

ただひとつ、誰にでも平等に起こることは、人はみな生きている限り老いていき、いつかはその生涯を閉じるということ。まだまだ先のことだからと後回しにせずに、大まかでいいので、自分がどの時期にはどういう環境の変化（結婚、出産、介護など）が起こり、そうなった場合にどう生きたいのか、シミュレーションをくり返しておくといいでしょう。もちろん予定は未定、子どもはひとりでいいと考えていたが、ふたりめを授かった、なんてこともあるかもしれません。そんなときはそこからまたシミュレーションを書き直せばいいだけです。

できるだけ視野を広くし、変更や方向転換が利くように大まかにでも組み立てておくのもいいでしょう。

私の人生の転機①：待ち望んだ妊娠と流産

私の転機は３回ありました。１度目は結婚後、新卒で入った会社を退職して司会の事務所を立ち上げ、バリバリ働いていたときでした。有線放送のラジオ番組ももたせてもらえ、司会の養成学校の講師兼マネジャーをし、この仕事が天職だと思っていた頃、それは突然訪れました。妊娠がわかったのです。待ち望んだ妊娠でした。私は、「妊娠は病気じゃないのだからふつうに仕事もできるはず」

と、たかをくってそれまで通り仕事をしていました。ところがやっと心音が確かめられるかどうかのところで、私は流産してしまいました。あとにも先にも、これよりつらいと思ったことはありません。それまではどんな劣等生の私でも、努力すれば何とかなるものと思って生きてきました。ところが、これぱっかりは自分の努力だけでどうにかなるものではありませんでした。

周りの方の「仕事が忙しすぎたから」という心配の声も素直に響きません。司会の仕事は、その当時はいったん引き受けたらたとえ親の葬式と重なっても仕事を優先するようにと言われていた時代でした。考えたあげく、私はすべての仕事を断ち切ることにしました。また妊娠するかどうかもわからない状態でしたが、次、また流産したら、私は一生自分を許せないと思ったからです。

結論から申しますと、そのあと2カ月ほどでいまの長男を授かったとわかり、最終的にはふたりの子どもに恵まれることができました。振り返ればたった2カ月のことですが、その間はこんな風に毎日毎日家で何もすることなく過ごしていても、一生子どものご縁に恵まれないかもしれない。そうしたら私は仕事再開のきっかけも摑めないまま、ずっとこの状態でいないといけないのか。もう仕事をすることもできないかもしれない。そんな風に自分を追いつめ、その恐怖に悩まされていました。働くことが好きで好きでたまらなかった自分が、前にも後ろにも進めないというのは地獄に近いことでした。ちょうどそのときは、大阪のラジオの仕事も話に上っていました。いましかない、そのチャンスを逃した悔しさが焦りとなって不安に拍車をかけていました。

それからは、どんなに仕事が辛いと思っても、このときのことを思い出せば乗り越えられます。**私にとって、仕事がどれだけ大事なものか再認識できた出来事**でした。

私の人生の転機②：司会業を引退する

次の転機は子育てしながらも、細々と司会を続けてきた私が、司会のプロとして働くことを辞め、事務所を引退したときです。周りの協力も得て続けてきたこの仕事は、夫の転勤やそれに伴う家族の引っ越しがあっても、事務所を移して頑張ってきました。結婚式の仕事が好きで、気がつけば20年という歳月が経っていました。嫌で辞めたいと思ったことは一度もありません。ただ、すでに私は40代になっていました。周りを見回すと、私が20代で始めたときと結婚式の在り方も随分変わっています。その当時はレストランウェディングが人気で、司会もプロというより、ＤＪ風やお友だち司会が好まれており、式場によっては「司会者は35歳まで」と制限を出すところもありました。

もしそのまま続けたとしても、司会者としての需要はあと数年かもしれない。そんな考えが頭をよぎりました。子どもが幼稚園の頃は時間に融通が利きやすく、また報酬も比較的よかった司会の仕事でしたが、次のステップを踏む決断を迫られたのです。そこで司会業を辞め、ある人からのアドバイスをもらい、これまで縁のなかったFPの資格を取ろうと決心しました。新しいことに挑戦するなら1歳でも2歳でも若い、いましかないと思ったのです。

どんなに好きな仕事でも、それを手放さないといけないときがある。それを教えてくれた出来事でした。

私の人生の転機③：両親と過ごす時間の選択

3回目の転機は、第1章でも書いた、夫が会社の計画倒産を知らされたときに2回目の正社員となり、その後5年の会社員時代を経て47歳で独立し、フリーランスになったときに訪れました。もう、子どもはある程度大きくなっていました。仕事の内

愛読者カード

ご購読ありがとうございました。今後の参考とさせていただきますので、ご協力をお願いいたします。また、新刊案内等をお送りさせていただくことがあります。

【1】本のタイトルをお書きください。

【2】この本を何でお知りになりましたか。

1.書店で実物を見て　2.新聞広告（　　　新聞）
3.書評で（　　　）　4.図書館・図書室で　5.人にすすめられて
6.インターネット　7.その他（　　　）

【3】お買い求めになった理由をお聞かせください。

1.タイトルにひかれて　2.テーマやジャンルに興味があるので
3.著者が好きだから　4.カバーデザインがよかったから
5.その他（　　　）

【4】お買い求めの店名を教えてください。

【5】本書についてのご意見、ご感想をお聞かせください。

●ご記入のご感想を、広告等、本のPRに使わせていただいてもよろしいですか。
□に✓をご記入ください。　□ 実名で可　□ 匿名で可　□ 不可

郵便はがき

切手をお貼りください。

102-0071

東京都千代田区富士見
一―二―十一
KAWADAフラッツ一階

さくら舎 行

住所	〒 都道府県		
フリガナ		年齢	歳
氏名		性別	男　女
TEL	(　　　)		
E-Mail			

さくら舎ウェブサイト　www.sakurasha.com

容はとても好きな保険業。本業は損保の更新手続きでしたが、私はＦＰの資格を生かして、お客様に請われるように生命保険の契約も扱うようになりました。本当に忙しい会社でした。毎日睡眠時間は４時間を切り、朝から晩まで仕事漬けの日々です。知らず知らずのうちに身体が悲鳴を上げていました。それでも安定した仕事、定年まで勤めることも覚悟で選んだ会社。夫の失業、あのときに感じた恐怖をもう二度と味わいたくありません。辞めるという選択肢は頭の中にはありませんでした。

転機のきっかけは、故郷長崎の親との会話でした。私は18歳のときに進学で関西に来てから、一人っ子であるにもかかわらず、ずっと親もとから離れて一人暮らしをしていました。両親も半ばあきらめていたとは思いますが、その親もその年齢なりに年老いてきます。

毎年、子どもを連れて帰省するのがせめてもの親孝行でした。そんな関係を続けていた中、私は正社員として再就職しました。するとあまりにも会社が忙しいのと日常に追い回されるのとで、以前にも増して、なかなか帰省することができなくなりました。そしてようやく都合をつけて帰省したとき、親はそんな私を責めるそぶりもなく、

「あと、何回弓とこうして会えるとやろう」

と呟いたのです。

もしかしたら、いまはもう、親はそんな風に言ったことも忘れているかもしれません。でも私には、その言葉は棘のように刺さりました。そのときです。仕事のスタイルを変えよう、**いつでも長崎に帰りたいときに帰れる自分になろうと決心した**のは。

それからほどなくして、約5年勤めていた会社を辞めました。結局勤めている間に私が長崎に帰ることができたのは、1回だけでした。

いまは、ありがたいことに年に何度も、仕事も兼ねて長崎に帰省することができています。

このように、私は自分のタイミング、社会の変化、家族の変化によって、望む望まないにかかわらず、生活の変化を余儀なくされてきました。どれが正解だったかはいまでもわかりません。でもいま言えるのは、**その都度目先の利益や感情に振り回されず、将来を見据えて計画を立て、変更をくり返してきて本当によかった**ということです。

人生というトラックのどこを走っているかを意識しましょう

あくまでも私の経験でお話ししましたが、このような、人生における変化というのは、誰しもが経験することではないでしょうか。

人生は１００年という長期スパンです。その間に、自分も変われば、環境、社会も大きく変わります。私がはじめての人生の転機で何がいちばん辛かったかというと、流産で仕事を一度すべて辞めたものの、いつその状況に終わりがくるのかがわからないことでした。明日、明後日急に状況が変わるかもしれない。でもこのまま一生終わらないかもしれないと思ってしまったときの絶望感。まさにいまの社会も、この見通しが立たない焦燥感に苛まれているのではないでしょうか。でも明けない夜はありません。永遠に続くように思えた子どもの夜泣きも、トイレトレーニングも、いつか子どもはしっかり成長して終わっていくのですから。

一方で、これから始まるであろう介護も、また修行の日々でしょう。

常に自分で将来の見立てと計画を立てるトレーニングを積むことは、精神の安定に

も繋がります。そしてそれをひとりでもんもんと抱えるのではなく、他人に話し、コミットメントしましょう。誰かに宣言することで、それが実現する確率はぐっと高まります。人は声に出して話すことで、それをそのまま受け止め、そして実現するべく動くようになるのだそうです。

人生を競技場にあるトラックに例えると、自分がいまどのコーナーに差し掛かっているか想像しやすいのではないでしょうか。差し詰め私は、すでにトラックの第4コーナーに差し掛かっているのではないかと思います。スタートでは、かなり無理してダッシュしたかもしれません。でも、いつまでもその調子で走り続けるわけにはいかないのです。常に全速力で走るのは無理だと承知して、時には歩いてでも、最後までゴールを目指していけばいいのです。

仕事はいつでも全速力では走れない

どんなに仕事が好きな私でも、「いつでも仕事がいちばん」と言えない時期がありました。子どもを産んでからある程度成長するまでの期間です。その間は、子育てが最優先になりました。

日本の女性の就労状況で、年齢別の就業率がアルファベットのM字のように大きく波を打つことを「M字カーブ」といいます。これは、結婚・出産に当たる時期に一度就業率が下がり、育児が落ち着く時期に再び上昇するという現状を示しています。私はいま、子どもをもつ女性の就労支援を行う滋賀マザーズジョブステーションに所属しているのですが、それはM字カーブを少しでもなだらかな凹みにすることを目的として設立されました。

この機関は、元滋賀県知事（現 参議院議員）のかだ由紀子《ゆきこ》氏が知事時代に熱い思いをもって、全国で2番めに立ち上げた、子育てをする女性のためのワンストップの就労支援機関です。就労支援、ハローワーク、ひとり親家庭就労支援がセットになっています。県の事業と国の事業が一体となって運営するため、立ち上げ当初からさまざまな困難があり、調整が必要でした。かだ氏ご自身の、子育てしながら大学の研究、そして仕事をして苦労を重ねてきたという実体験があったからこそ、できたと思っています。私はほぼ立ち上げに近いときから、この機関に関わらせて頂きました。かだ氏と毎回熱い議論を交わしながら、いまの形につくり上げてきたこと、とてもよい経験をさせてもらったと感謝しています。

そこを訪れる女性は、それこそ多岐にわたります。経済的な問題を抱えている人、自分のアイデンティティを見失った人、育児疲れから就労を考えた人などです。私は彼女たちのさまざまなハードルを一つひとつ解決しながら就労に繋げていきます。

M字カーブがなかなか解消されないことからわかるのは、幼い子どもを抱えながら働くというのは、本当に生やさしいことではないという事実です。私自身、どんなに女性の立場というものを理解したつもりでいても、自分がその当事者になったとき、見える景色はまったくちがうものでした。たとえ保育園に入所が決まったとしても、突然の発熱のときにほかの人にお願いできるサポートがあるのか。会社の理解があるのか。制度はあったとしても育休取得のやりにくさ。時短で帰るときのほかの社員の目が気になる。自分だけ残業や出張ができない……など、現実には独身時代とは勝手がちがうことばかりです。

そういったことが積み重なっていって、以前ならできていたのにと、やり場のない怒りや辛さがいつしか働く気持ちまでも折ってしまう、そんな人とどれだけ接したことでしょう。学歴、就職先にかかわらず、むしろ優秀で総合職で入社し、輝かしいキャリアを積んできた人ほど、現実とのギャップに苦しみもがくのです。

そうならないように、できれば**仕事に没頭でき、自分の都合で時間をコントロールできるタイミングのときは120％のエネルギーをもって仕事に取り組み、スキルや経験を積んでおくこと**をお勧めします。そしてほかの人にはなかなか代わることのできない専門性を身につけ、あなたが必要とされるキャリアを打ち立てていれば、子どもの件でいろいろ配慮や譲歩をしてもらっても、仕事に復帰しやすいでしょう。そして**子どもが小さいときは、割り切って子育てを中心にした生活への組み替えを図り、そしてまた子どもが自立できるようになってから、もう一度仕事の再構築をする**などの計画を立てるようにするのもいいのではないでしょうか。

そしていたずらに仕事ができないと嘆くだけでなく、あらかじめそういう時期だと割り切って、子育て中心に過ごす間に復帰後を意識して、環境を整えることに力を入れておくのもひとつの手かもしれません。ある程度子どもが成長し、自分の身の回りのことができるようになったら、もう一度自分のキャリアプランをしっかり立て直し、自分のやりたい目標に向かって進むチャンスができます。

子育て期間だけではありません、人生はライフキャリアレインボーと称されるように（アメリカの教育学者ドナルド・E・スーパーのキャリア理論）、さまざまな顔をもち、それを何役も同時にこなしていくことが求められます。〔心身ともに自分自身の変化もあります。10年前には難なくこなせたことが、ずっとできるとは限らないのです。自分のライフスタイルと照らし合わせながら、仕事を変えていくことも必要になります。

例えば、学校を卒業して介護職に就いた人を考えてみましょう。体力にもまだ自信があった30代では介護士（当時ヘルパー2級、現在は初任者研修修了者）として夜勤もこなしながらバリバリ働きます。結婚後もそのまま働いていましたが、出産後、子どもが小さいときは夜勤は難しいと判断し、パートに切り替えて配偶者の扶養範囲内で働くことにします。その後復帰するも、今度は自分の体力が限界にきていることを痛感。そのときこれまでの知識と経験を生かして、ケアマネジャーの資格を取るのです。その後介護と密接に繋がる職種、住環境コーディネーター2級の資格を取って、介護リフォームの事務職に転職、あるいは心のケアをサポートする精神保健福祉士の国家資格を取り、定年に関係なく、年金をもらいながらも一生専門職として働く。

このように身体的、能力的衰えを意識しながらも、自分らしくいつまでも働いて稼ぐことをしっかり考えるか考えないかで、60代以降のライフスタイルは大きくちがってくるでしょう。そして、いつの時期でも最も大切なことは、どんな形でもいいから働く意欲を失わないことです。

出産・育児期は、働き方や働く内容にあまりこだわらない

どんなときでも働く意欲を失わないというのは、状況によっては難しいこともあるかもしれません。私のキャリアコンサルタント仲間のIさん（40代）のお話は、きっとみなさんの励みになるでしょう。Iさんにインタビューをした内容をご紹介したいと思います。

「私、居酒屋の床に寝て仕事してたんで〜」

それが彼女の口癖でした。

詳しく聞きたいと言うと、彼女は東京の有名私大を卒業後、新卒採用で某大手居酒屋チェーンを展開する企業に入り、新宿の名物店長になったときのエピソードをちゃ

めったっぷりに話してくれました。バスケの実業団に入るか進学するかと悩んだほどの体育会系の彼女にとって、ひとつの店舗を一国一城の主のように切り盛りするという体験は、死ぬほどおもしろくやりがいがあったのでしょう。現在結婚して子どもがふたりいる彼女の夢は、あの店長のころの年収を超えるというものでした。

「キャリアコンサルタントになりたい」と自ら派遣会社に問い合わせたらしいのですが、資格保有が条件だと会社に断られてしまいました。でも環境が近いほうがいろいろ学べるだろうと、その同じ派遣会社のキャリアコンサルタントが所属する部署で受付の仕事に応募、見事採用となりました。そうして私と彼女は同じ職場の仲間として知り合いました。

一度目標を決めると、そこに繋がるかどうかが、彼女のすべての判断基準になります。受付の仕事をしながら資格取得のための勉強をして、可能な限りカウンセリングの現場の雰囲気を身体全体で吸収していくのです。宣言通り資格を最短で取得すると、受付からカウンセラーへと異動、そこでカウンセラーとして精力的に活動、付随するセミナー講師の体験も積極的に積み重ねていきました。下の子どもがまだ1歳で、保育園に保活（子どもを保育園に入れるために保護者が行う活動）で落とされても、実家の親や夫と協力して月8日ほどのシフトをこなしていきます。中途入園が決まると、大手進学支援企業の講師の登録試験を受け合格、大学のキャリア授業を受けもつ仕事をふたつめの仕事に選びました。少しずつ実績が積みあがってくると、自分が保活で一度失敗した経験も生かしてイクメンの団体にも所属し、そこでも保護者や企業からセミナー講師の仕事を請け負い、活動の幅を広げています。

現在は、キャリアコンサルティング業務の部署のリーダー、大学のキャリア授業の講師、フリーの研修講師として三足のわらじを履いて頑張っています。

下の子が小学生となって、もう少し活動の幅が広がれば出張講師もしたいと、夢は、最初の店長時代の年収を超えるという軸からまったくぶれていません。

ブルドーザーのような印象の彼女ですが、子どもの話をするととたんに母親の顔になって育児も楽しんでいる。

ひとりめのときは、育休復帰したときにその仕事の責任感と育児のはざまで心が追い込まれたことも多々あったそうです。ふたりめのときはそんな思いをしながら子育てしたくないと決心し、一度仕事を捨てたのだと言います。でもキャリアはどんな仕事をしていても捨てたとは思いませんでしたと、話してくれました。

夢を失うことなく、子育てという期間を最大限味わって仕事に邁進する彼女の姿は、その生きざまがキャリア相談に来られるクライアントの励みになっています。これからどんな風に彼女が自分の人生のコートを走り回り、シュートを決めていくのか楽しみです。

男性基準で敷かれたレールに、あえて戻る意味はありますか？

Iさんのように高学歴で、子どもを産むまで総合職などで充実した仕事をしてきた人たちの中で、どんなときでも自分の仕事内容にこだわりを見せ、妥協を許さない方が少なくありません。仕事がとっても好きだったし、プライドをもって仕事をしていたのでしょう。そしてそれまで築いてきた働く自分の姿に夢があるのです。

優秀な彼女たちは、それこそ最初の職場で努力に努力を重ねてスキルを磨いてこられたのでしょう。妊婦さんのときに相談に来て、保育園に預けさえすればまた元のように働けると思って、理想を語る方も少なくありません。

ところが、子どもは生き物です。簡単に自分の理想通りにはいきません。保育園に預けても、はじめの1年は免疫もないものですから、下手するとありとあらゆる病気をもらってきて、1年のうち半分休まざるをえなかった、なんて話もしょっちゅうです。きょうだいがいたら順番にインフルエンザにかかって2週間保育園に行けなかった、なんて話もよく聞きます。昔と同じ熱量で働く気持ちはあっても、このようなままならない状況にどれだけ耐えられるでしょうか。子育て期間は、自分の理想と現実がなかなか一致しにくい時期です。育休で復帰したら、前の部署ではなくやりがいのないところに回されて、もう辞めたくなった。そんな話もよく聞きます。でも、実際どうでしょうか。残業、出張、接待などもあるかもしれない業務のまま、本当にこれまでと同じように仕事をこなせるでしょうか。

私は、子どもが小さいときは、あえていちばんしたい仕事はしないほうがいい、という風に話しています。その仕事をするタイミングは、ある程度子どもが成長し、自分の力を120%発揮できるM字カーブのふたつめの山、つまり仕事に本格復帰したときに焦点を当てておくのです。そのうえで、思う存分本当にしたいこと、自分の生き様を考えてみてください。

「複業」を勧める理由のひとつはここにあります。**出産・育児などで思い切って社会に敷かれているレールから離れたあと、あえてまた男性を軸につくられたレールに、無理に合わせて戻っていく必要があるでしょうか。**理想の仕事でなくても「いまは子育てを中心に」と腹をくくって、仕事を選んでもいいと思うのです。残業のない単純な部署に回されたのなら、そのあとまた思うような仕事に配属されるよう、勉強してもいいと思います。ずっと会社にいるという選択肢だけでなく、自分が転職、あるいは独立したら何が「売り」になるのか考えるチャンスともとらえられます。そして、せっかく子どもと関わる時間が増えるのですから、次のM字の山に備えて、**子どもたちが自分で自分の身の回りのことができるように、時間をかけてゆっくり自立への道筋を教える貴重な時間と置き換えてみてください。**いざ、もう一度がむしゃらに働きだしたとき、彼らはとても大きな応援団になってくれるでしょう。

10歳までに、子どもの家事の英才教育

私は子どもたちが幼い頃から、お米とぎに始まり、包丁も持たせていました。小学

校3年生ぐらいまでにひとりでお味噌汁をつくれるように、料理に積極的に関わってもらいました。

もちろん子どもがするので、手間と時間は倍以上かかります。自分がつくれば20分でできるところを、ほめておだてて1時間かけて完成することもざらでした。けれども、思うように仕事ができない「ほぼ専業主婦」時代、短時間のパートで帰ってこられるとき、時間だけはつくればあるからと、今後への投資だと思って子どもの「やりたい」にできるだけ付き合いました。

育休後、職場復帰をして、毎日時間に追われながら仕事と子育てをしているときにそんな余裕はない、と言いたくなる場合も多々あるでしょう。でも例えば平日は無理でも、土日など週に一度でも、そんな時間を意識してつくってみてはいかがでしょうか。10歳前後のお子さんなら、喜んで手伝いたいと台所にやってくることはありませんか？　長男には、「料理ができる男ってモテるらしいよ」などとおだてては、とことん付き合いました。子どもたちが台所を粉だらけにしようと洗い物の山をつくろうと、ぐっとこらえて、つくってくれた料理を美味しい、美味しいと言って食べました。

その甲斐《かい》あってか、私の2回目の正社員時代、地獄のようにハードな日常を子どもたちがサポートして救ってくれたのです。

朝7時半に家を出てから仕事が終わって帰ってくるのは夜の10時半から11時の間。下の娘はまだ小学校3年生だったので、私の帰宅時間に合わせて遅くごはんを食べさせるわけにはいきません。頼るは中学に上がったばかりの長男でした。私も朝4時に起きて朝ごはん、お弁当の用意と一緒に夕ごはんの下ごしらえまでしておきます。生姜焼きなら調味料にお肉を漬けておく、常備のおかずは週末につくり置きする。そうすることで平日の夕食は、長男がお味噌汁をつくり、漬けたお肉を焼いたりして、妹と一緒にごはんを済ませておいてくれました。

反抗期や自我が目覚めてくる時期に、息子には大きな負担をかけたと思います。いまでもときどき「俺の青春を返せ～」と本音と冗談半分ずつで言われることもあります。でも当時長男は、父親が失業したという家庭の事情もわかる年頃になっていました。私たちは、そのときの状況をすべて子どもたちに丁寧に説明し、現状をさらけ出し、そして協力してもらいました。本当にあのときは、家族みんなで乗り切っていくしかなかったのです。

それでも、いいこともありました。**子どもたちは苦労した分、自然と自立精神が**

育ってくれました。おかげで、正社員に復帰した私は仕事に没頭でき、保険関係の資格を1年に7つ取得しながら、給与をアップさせていくことができました。そして、保険から始まり、FPの知識に発展させながら、税金、相続、不動産などの知識も少しずつ深めていったのです。いまでも保険の仕事が大好きで、自分が思うようなスタイルで仕事をさせてもらっているのも、あの濃密な5年間があったからだと思います。

いまの社会は、仕事復帰するのにはむしろプラス

家族の応援があって、無事仕事に復帰できたとしても、一度社会のレールから外れるとなかなか元のようには戻れない、そんな現実を感じたことがある方もいらっしゃるかもしれません。新卒で就職した会社をいったん外れて中途入社すると出世は期待できないとか、給与が大幅に下がっても仕方がない。そんな現実を感じたことがないでしょうか。現にこれまでは、そんな理不尽なことが世の中の当たり前として残っていたかもしれません。でも、いまはどうでしょう。ずっと会社に残りたいと願っても、終身雇用制度はすでに崩壊しています。年功序列も関係なくなったところが増えてき

ています。退職金制度も確定拠出年金にとって代わられ、大きなところの企業保険組合が、運営・運用できずに解散している事例があとを絶ちません。ひとつの会社にできるだけ生涯いたほうがいいという概念は崩れ、むしろそのデメリットが多く語られるようになりました。この世の中の変化は、仕事復帰を考える女性にとっては大きなプラスでしょう。

私自身、正社員でなくなるということに恐怖を感じていたこともありましたが、いまはむしろ正社員でないからこそ複数の仕事も気兼ねなくできると、メリットを感じることが多くなりました。では、正社員を辞めて、子育てしながら次の仕事を選択していくにはどういうステップを踏んでいったらいいのでしょうか。

短時間パートは復帰のための肩ならし

「106万の壁」ということが、配偶者の時短やパート勤務を助長している、そんな記事を見かけるようになりました。前の章で説明しましたように、社会保険第2号の扶養内で働く配偶者（第3号被保険者）は、社会保険料を払わずに権利を取得できるメリットがあるので、どうしてもそのメリットを受けることができる、ぎりぎりのラインで働き方を制限しようと考える人が増えるからです。

そういった人にとって大きな話題が持ち上がったのは、2016年の秋のことでした。第2号で社会保険に加入している会社員・公務員の配偶者自身が働く場合、企業によっては本人が社会保険に加入しないといけないことがあるという内容でした。そうすると、第3号の社会保険から出ないといけなくなります。対象者はざっくりの数字でいえば、これまで年収130万以内であれば扶養に入れる制度だったのが106万で、自分が第2号になるわけです。これまでその恩恵を受けていた第3号の対象者は不満たらたらです。ですが、私はこの制度を利用して、ある対象者の人は「仕事につけるチャンスですよ」と説明していました。

じつはこの制度が懸案事項にあげられ決定するまでに、かなりの紆余曲折があったそうなのです。というのも、社会保険被保険者第3号にあたる人のデメリット以上に、大きな問題が潜んでいたからです。それは雇う側の問題でした。この制度は現在106万（月額8万8000円以上※交通費込）で従業員を社会保険に加入させる義務がある企業は、基本従業員数501人以上となっています。つまり大手のスーパーなど、多くのパートを抱える企業はその対象に入るわけです。社会保険料というものは半分を企業が負担します。つまり第3号であれば雇う側も社会保険を負担しなくてよかったのに、この制度の変更によって、企業も社会保険料の半分を負担しないといけなくなりました。それも個人個人にとってはひとり分の問題ですが、企業はその保険料をパートさんの数だけ新たに捻出する必要が出てきたわけです。

そこで企業もさまざまな対策を考えてきました。これまで月10万円でふたり雇っていたのであれば、このままだとふたりとも社会保険料を負担しないといけません。そこで、10万円ではなくて7万円で3人雇おうとしたわけです。確かにこれなら社会保険を払う必要はありません。

ところが大手の企業がみんな同じ考えをもったものですから、その短時間パートの争奪戦があちこちで起こったわけです。これを私たちはチャンスととらえました。これまで小さいお子さんがいるからと雇用を敬遠されていた方も、内定をもらえる確率が高まりました。とにかく人を確保するために、「小さなお子さんがいる人も大歓迎」などと募集広告に載せる企業を多く見かけるようになりました。

これは、「まず働いてみようかな」という第一歩を踏み出そうとしている働く側にも、メリットがあります。**子どもが小さい間はフルタイムでいきなり働くより、肩慣らし的に少しずつ親も子も環境に慣れていくことで、安心して社会復帰を果たせる**のではないでしょうか。その面から見ても、小さいお子さんがいるお母さん方に、大手企業の扶養内パート歓迎と書いているところを狙うことを勧めました。しかも、ある程度の規模の会社であれば、子どもの成長に合わせてその働く時間を延長したり、社会保険を払ってフルタイムで働く勤務体系など、さまざまな雇用形態の選択もしやすいでしょう。雇う側もいきなり新しい人をフルタイムで採用するより、これまでの働きぶりを見てきたパートさんの働き方を変更して雇用調整するほうが安心でしょう。

このように、まずは短時間でもぐりこみ、第３号の制度の恩恵をしっかり受けながら働き始めて、そのあと子どもの成長に合わせて仕事のボリュームを変えていけるような企業に就職していくことを「もぐりこみ大作戦」と名付けました。

こういう雇われ方の職場だと、複数の人が同じような形で働いていますから、シフトで調整する形がとられ、いざ子どもが熱を出したときなどにも交代してもらいやすく、融通が利きやすいというメリットもあります。

パートも起業の飯のタネ

さて、もぐりこんだ仕事にも随分慣れてきたとしましょう。子どももも保育園に慣れ、免疫ができたのか、病気で休むことも少なくなってきました。そうするとほかのことにも興味が出てきます。ここで、パートを次のステップに生かしていったAさんのエピソードをご紹介しましょう。

Aさんは、もともとお片づけが好きで、パートで得た収入から資格を取ろうと思い立ち、「整理収納アドバイザー」という資格を取りました。ところがこれを仕事にどう生かして結びつければいいのかわからない、と滋賀マザーズジョブステーションに就労相談にやってきました。

聞けば整理収納アドバイザーは同じ年代の女性に人気の資格で、ライバルも多いといいます。

まずは、その資格を生かしたAさんのウリ（ブランディング）を考えようということになりました。開業の資金源はスーパーのレジ係のパートをして貯めているといいます。それならば、同じ「働く」なら、その収納アドバイザーに役に立つパートをしてみたらどうかと提案してみました。収納にこだわる方に圧倒的な人気を誇る企業に「無◯◯品」というお店があります。ここでのパート募集がないか、調べてもらったのです。

というのも、ここでパートをすることによって、お店の商品情報を容易に、いち早く知ることができます。ディスプレイも学ぶことができるでしょう。そして数多くいる整理収納アドバイザーの中でも、そのブランドの商品を徹底的に活用した提案をするアドバイザーとして差別化を図り、ブランディングをするという作戦です。Aさんはもともとその企業の商品がお気に入りだったこともあり、すぐに募集を見つけてパートで働き始めました。そこでのパートも自分の起業の学びに役に立つと思えば、熱心に商品知識も付き、社員さんからも重宝されてパート従業員の中の責任者になったといいます。整理収納アドバイザーとしての自分のホームページにもその実績を載せたところ、信用を得られて、少しずつお客様が依頼してくれるようになったとのこと。

私もキャリアコンサルタントの受講中は、会社を辞めたあとでしたので、パートに出ていました。そのときはメンタル疾患の方が相談に来られた場合のリファー（自分で抱えず専門家に紹介すること）の見極めができるようになりたいという目的で、1年ほどメンタルクリニックの受付のパートを選びました。その経験がその後、カウンセラーになるときに役立つと思ったからです。実際、とても役に立ったのはいうまでもありません。

キャリアコンサルティング系の現場も、資格保有者でないと従事することができないのですが、先に紹介したIさんのように、カウンセラーとして働くことを目的に、1年間受付の派遣スタッフとして働き、資格を取得してから同じ現場のカウンセラーになった人もいます。仕事の流れは受付の仕事をしながらわかっていたので、カウンセラーとして働きだしたときもスムーズに移行できていたようです。また、身近な事例も受付の頃から積極的に見聞きし学んでいたので、その経験をどんどん生かしていました。

どうせ同じ「働く」なら、いつか本当にやりたい仕事をするために、自分の5年後10年後に役に立つかを考えて、いろいろなことに積極的に好奇心を働かせることは、仕事の厚みをつくるうえでとても大切です。

「自分の仕事はこれだから」と範囲の線引きをして、お隣が何をしているかもまったく関係ない、と知ろうともしないより、お互い助け合う精神で、自分の専門外でも手助けをするくらいの気持ちで働くと、人間関係もスムーズになりますし、自分のスキルもあがっていくでしょう。

あえて自分の専門という本流を外してみる

もうひとり、育児期間を経て次のステップへ進んだ方の例をご紹介します。

Sさんは、かつて一級建築士として建設会社で男性に混じって残業もこなすバリバリのキャリアウーマンでした。ただ出産後に同じ設計士として戻るのは、納期までは残業も徹夜も当たり前のようにこなす業界であるため不可能と判断し、長らく専業主婦を続けていました。子どもが小学校の高学年になったのをきっかけにパートを始めようかと、相談に来られました。これまでの経歴を聞いてもかなりのキャリアと経験をおもちです。何の関係もない仕事だと少しもったいないような気がしました。そこで彼女には、ある不動産の受付事務のパートを勧めました。

もちろん当初の仕事は不動産の受付補助、雑務です。しかしこの会社は不動産会社の中でも売買専門や賃貸紹介ではなく、賃貸アパートを経営している大家さんに、賃貸アパートのリノベーション（用途を変えて改築すること）を提案して、高齢者施設に変える仕事を中心にしていたのです。会社は、パートで雇った女性が一級建築士の資格をもっていると、履歴書でわかっています。そのうち、彼女は不動産の間取りの図面を描いてもらえないかと上司から依頼されました。Sさんは「自分の経験がお役に立つのであれば」と快く引き受け、たちまち社内でもなくてはならない人になっていきました。

そのうちリノベーションの打ち合わせのときに同席して図面をチェックしてくれないかという話になり、その頃には会社にも慣れ、子どもも大きくなってきたので準社員となり、フルタイムで働きだしました。最終的に現在は、社内お抱え設計士として正社員で働けるようになっています。はじめから建設会社の設計士としてもう一度働こうとしていたならば、男性に交じって体力、能力の厳しい競争にさらされなければ生き残っていけませんでした。ところが**少し業界的にちがうポジションに入ったからこそ、その経験やスキルが希少価値となって光り輝く**わけです。

私も司会業は大好きでしたが、司会をずるずる続けていたら、年齢や感覚などのギャップで通用しないことも多々出てきたでしょう。けれども、キャリアコンサルタントやＦＰの世界では、前に立って話すことにほかの人より慣れていて、司会者として進行できることが重宝がられ、また、まったく業界の知識がないプロの司会者を雇うより内容がわかっているから使いやすいと、司会者としてもお仕事をさせていただけるようになりました。

あえて本業のど真ん中で勝負をかけないのも、自分を必要としてもらうテクニックのひとつなのです。

ＰＴＡ活動も次のステップへの糧になる

１０１ページで、Ｍ字カーブを乗り切るためのポイントとして、「どんな形であれ働く意欲を失わない」と書きました。さまざまな条件の中では、子どもが小さい間は働くことそのものが難しい状況だって当然あります。保育園の競争率が高く、実家が離れていて子どもを誰にも預けることができない、こんな悩みをもつお母さん方は山のようにいます。ただ、これはお母さんたちに責任があるわけではなく、能力が不足しているわけでもありません。いまの状況がそうだというだけなのです。

ですから「働く意欲を失わない」と書きました。ではそのモチベーションを保つために何ができるでしょうか。

よく事例に出すのがPTA活動です。以前、有名な芸能人の方がPTAの是非について提言し、随分と話題になったことがありました。PTAが必要かどうかの討議はそちらに任せて、私が伝えたいのは、**「PTAを職場復帰のためのトレーニングの場として活用する」**ということです。

そもそも仕事に就いてからの悩みの多くは人間関係です。それも同性同士のトラブルは相談のトップに上がってきます。どの社会においても、人間関係の悩みから逃れることはなかなかできません。新しい職場に行くとき、また、しばらく休んでいた職場に戻るときには、「うまくなじめるかな」など不安になることもあるのではないでしょうか。そんなとき、PTA活動を煩わしいと逃げるのではなく、そこで**揉まれて問題をうまくあしらい、対処する術を身につけていれば、再就職するときの怖さはかなり解消できる**と思います。

また、ＰＴＡ活動は多岐にわたります。会社で社内報などをつくっていた人であれば、広報に立候補してそのスキルの維持に努めます。立場がちがう先生、保護者、役員の調整能力、ＰＴＡ行事を主宰する企画力、段取り能力、これを身につける絶好のチャンスです。何より時間と期日を守る感覚を磨けます。

滋賀マザーズジョブステーションでは、セミナーを受講するときに、託児を利用することができます。子どもを預けてしっかり学びの時間や、同じ思いをもつママさん同士の交流を図ってもらうためです。ところが、開設当初、セミナーの開始時間がしばしば遅れる事態が発生しました。開始時間になっても受講生がそろわないのです。子どもが家を出るときに時間がかかった、託児に預けるときに泣いて大変だった、ひどいときは連絡もなしに欠席する人もいました。

そこで私たちは、このセミナーは仕事を始めるための受講なのだから、キャンセルのときの電話を早めにかけること、子どもを預けるときには時間に余裕をもって動くことを徹底しました。くり返しくり返し、このセミナーの意図、また受講生のみなさんになぜそこを守ってほしいかを伝え続けました。するとそのうち、ほとんどドタキャンや遅刻などをする人はいなくなり、時間前にはみなさんそろうようになりました。そうして私たちは安心して、彼女たちを新しい職場先へと送り出すことができました。

PTAの活動は、自分の職場復帰トレーニングになるだけではありません。子どもたちの自立を促す格好の体験の場となります。「学校の仕事なのだから」といつでも一緒についてこさせるのではなく、子どもと相談して、**できそうなタイミングを見計らって、子どもだけでお留守番させてみてはどうでしょう。**まずお留守番のときのお約束を決めていきます。電話が鳴ったらどう対応するか、チャイムが鳴ったときはどうするか。PTAでしたら、家からそんなに離れていないでしょうから、いざとなったらすぐに戻ることができる状況で何度もトレーニングしておきます。子どもも自分のためのPTAの活動で親が出かけるのですから、協力態勢を取りやすいでしょう。

そして、何よりもPTAの会員同士、本部などで苦楽をともにする仲間は一生の友となる可能性も高いのです。仕事もプライベートも相談できる、よい仲間とめぐりあえることも多いでしょう。もちろん学校だけでなく、地域の役員、子ども会も、どうせ引き受けないといけないなら、早めに立候補して受けておくのも一策です。

私の地域では、基本子どもひとりにつき1回は何らかの役をしないといけないという不文律がありました。ですので専業主婦や短時間のパートのうちに大抵の役を引き受けておきました。そうすることで、そのあと正社員としてフルタイムで再就職したときは、ほかの方に役をお任せして仕事に専念することができました。また、そのときできた仲間が、私が仕事で忙殺されているときでも地域で子どもたちを見守ってくれ、出席できなかった授業参観でも子どもたちの様子を教えてくれたりして、その安心感は何ものにも代えがたいものがありました。

ぜひ、思い切って身近なコミュニティに飛びこんでみてください。最後の最後まで決まらず、押しつけ合いながらいやいやＰＴＡ会長のくじを引いてしまうよりは、自ら立候補して学年委員長になるというのもひとつの手かと思います。

すぐにお金に換算できる資産も大切ですが、目に見えない資産を自分の中に積み立てていくことも大事、とくにそれらは人生後半で大きく花開くことになるでしょう。

失敗を乗り越える背中が、未来の子どもを支える

とはいえ、Ｍ字カーブの底から女性が再就職をするとき、難しいという声を聞くの

も事実です。厚生労働省による「くるみん」という、企業の子育てサポート認定制度が生まれるほど、経済至上主義かつ男性中心の社会では、小さい子どもをもつ母親が、採用通知をもらえず悔しい思いを何度も体験していることでしょう。就労相談に来て、席に座るなり涙をこらえきれないお母さんもたくさんいます。もう、心が折れそうで面接を受けるのが怖いと。

そんなお母さんを見ると、私も、自分の過去を思い出し言葉を失ってしまいます。そんなとき、私がこころから思う言葉を、こんな風に伝えています。

「本当に、採用されないときはとても落ちこみますよね。私も同じ思いを何度もしました。そんなときは、ぜひお子さんとその気持ちを共有してください。子どもに心配かけるとか、親としてかっこ悪い姿を見せたくないという感情も出てくるかもしれません。でもね、その**悲しんだり苦しんだりする親の姿は、子どもの頑張る力になる**んですよ。きっとお子さんもいつかは大きくなって就職戦線に立つでしょう。そこで内定をもらえずに悔しい思いをするかもしれません。そういうときに思い出すのは、親が同じような体験をしていたとき、苦しみながらも最後までくじけず頑張ってきた背中だと思うのです。輝かしい親の成功など、そういう意味では邪魔なだけです。子どもは親の言うことはなかなか聞かなくなったりもしますが、一方で親が行動で見せる通りに育っていくといわれます。きっとお子さんも、自分の力でその試練を乗り越えていけるでしょう。自分だけのことなら、すぐ心折れてやめたくなるかもしれませんが、この失敗がいつか子どもたちの糧になると思って、もう少し頑張ってみませんか？」

そう話をすると、お母さん方の瞳が変わるのです。人は自分のためより、大切な誰かのためのほうがパワーが出ますものね。お母さんたちはみんな、もう一度チャレンジしようと頑張ってくれて、その中であきらめなかった人は、内定の喜びの報告をしてくれるのです。

そんな風に失敗からも学ぶこと、メリットを受けることもたくさんあります。失敗したらかっこ悪いとか、勇気が出ないという気持ちから、まずは一歩踏み出してみてください。

第5章

起業のモチベーションを保ち続ける

こころのバランスを整える

短期的なバランス、100年人生を見越した長期的なバランスを見てきましたが、この3つめの「こころのバランス」が、最も難しいかもしれません。資金繰り、人間関係などさまざまな問題が起こって当たり前の起業ですが、こころが一度折れてしまうと、モチベーションを保つことが難しいでしょう。その気持ちのもちようについて、私が多くの相談者さんと話して気づいたのは、そもそも商売をする思考になっていないことから、理想と現実にギャップが生じて悩んでしまう人が多いということでした。

もし、あなたが**事業を起こそうとしているのであれば、「商売」とは何なのか、意識しておく**といいかと思います。商売は、お金、時間、自分の評価、価値基準が、サラリーマンの感覚とはまったくちがいます。この章では商売・事業をする思考を「ビジネス思考」、サラリーマン的な思考を「サラリーマン思考」として、お話ししたいと思います。そのちがいを知り、ビジネス思考を理解するほうが、事業をうまく継続することができるでしょう。

実家の喫茶店で磨いた「ビジネス思考」

私の実家は、父親がサラリーマン、母親は喫茶店を経営していました。

つまり私には半分サラリーマンの血も流れているのですが、やはり母親の影響を強く受けたようです。記憶にはおぼろげにしかないのですが、私が生まれた頃も母方の姉妹３人でスナックを経営していました。

６人きょうだいの長女だった母は、両親が亡くなったとき、自分は結婚していましたが、いちばん下の弟はまだ小学6年生でした。父親の稼ぎもまだ多くありません。必然的に兄弟姉妹を養うため、戦後にお店を始めたようです。

その後きょうだいもそれぞれ独立し、しばらく母は専業主婦でした。そんな母がまた家のすぐ前で喫茶店を始め、少し驚いたことを覚えています。それは私が中学２年生のときでした。レコード喫茶と称した、レコードの販売、珈琲《コーヒー》、ランチ、お酒、カラオケなど何でもある田舎の喫茶店でした。

私はその当初から店を少しずつ手伝い始め、高校生になるとしっかり店のスタッフとなって、学校が終わると短大生のアルバイトのお姉さんとふたりで切り盛りしていました。母は別に2軒めの店を開いていていました。

いま思うと未成年にもかかわらず夜遅くまで働いていたことは労働基準法に抵触していますが、もう時効ということでお許しください。私自身はお店で働くのはとても楽しく、またお店はいろんなことを体験できる場でもありました。その頃に、商売の考え方を身をもって学んでいたのだと思います。

一方、のちに私が結婚した相手は、両親とも学校の先生という家でした。ここではじめてサラリーマン（公務員含む）の家と商売の家は考え方も感覚も全然ちがうものだと気がついたのです。

義父母は優しく、私は一度も怒られた記憶がないほどですが、未だにこの商売人とサラリーマンの感覚のちがいは歴然とあり、私のすることをひやひやしながら見守ってくれているのではないでしょうか。

あなたはサラリーマン思考ですか？　ビジネス思考ですか？

では、具体的にどう考えるとそれはサラリーマン思考なのか、ビジネス思考なのか見ていきましょう。ほかのノウハウ本を参考に、私自身の経験も踏まえてチェックリストをつくってみました。これはビジネス思考だなと思ったものに、チェックをしてみてください。

- □　稼ぐためにはお金はできるだけ使わず、人に任せないで自分でやるほうがいい
- □　何かものを購入するときは必ず相見積もりを取って安いほうを選ぶようにする
- □　できるだけ値切るようにする
- □　商売は入ってきたお金の中でやりくりするに尽きる
- □　何か大事な決断をするときは、お手本にする人の意見を聞くようにする

さて、どれだけチェックが入ったでしょうか。

じつは、これはどちらかといえば、すべてビジネス思考ではなく、サラリーマン思考なのです。

事業の成長におけるどの段階かで意見が分かれることもあるでしょう。私のように

もともと規模を大きくしようと思っていない方の中には、ちがう意見もあるかと思います。

ただ、これくらい物事をちがう視点でとらえる力は必要です。

では一つひとつ、詳しく見ていきましょう。

稼ぐためにはお金はできるだけ使わず、人に任せないで自分でやるほうがいい

これは、私も仕事を始めた頃、よくやっていた失敗でした。例えばホームページ制作では、自分でもできるソフトはたくさんあるし、勉強にもなるしとそのソフトでの制作に取りかかったのですが、ちょっとのつまずきですごく時間がかかったり、できあがったものの完成度が低く、使いものにならなかったりと、何度も失敗をしました。

結局私は、友人の専門家に依頼してホームページの意図、予算、今後の使い方などを相談し、制作してもらいました。ある程度フォーマットをつくってもらえば、そのあとのお知らせの書きこみや、変更などを自分でできるようにお願いしました。おかげで、随時自分で更新することができ、またソフトのスペックが変わったときも、そ

の制作してもらった友人にすぐに対応してもらうことができています。今後、さらに仕事が発展し、ホームページを使う目的が変われば、ある程度の投資をしてつくり直すことも考えていますが、いまはこの形でよかったと思っています。

つまり、**自分でやろうとして、そこにかける膨大な時間があるのなら、その時間を自分の柱となる仕事のほうに注力して、収益をあげたほうが生産効率はあがる**ということです。やはりプロに任せたほうが、結局仕事も時間も有効に使える場合が多いことも事実。

ただ、まだ仕事を始めたばかりの頃は、プロに任せるにしても、できるだけ概略は把握できるように学ぶ姿勢は忘れたくないもの。例えば経理的な仕事を何もわからず、すべてお任せで税理士さんや社労士さんにお願いするとなると、自分が見直したいときに、どこから手をつけたらいいのかもわからず、今度は無駄な費用や時間がかかることになるからです。

何かものを購入するときは必ず相見積もりを取って安いほうを選ぶようにする

家計を預かる方としては、これは当たり前と思う方も多いのではないでしょうか。私も家電製品の買い替えのときは、新聞広告に入るチラシを穴が開くほど見てチェックし、何軒も量販店を回り、他店ではこの値段だったと比較して交渉していました。大きなものだけではありません、スーパーの特売、タイムセール、先着何名様という文句に煽《あお》られ、開店前から並ぶことも厭《いと》いません。かといってよく考えてみると、卵1パック100円のために遠いスーパーまで車を走らせたり、タイムセールの混雑する中、何時間も並んでみたり、安くなった分、買う気もなかったお菓子につい手が出たりと、効果がどこまであったのかわからないこともしょっちゅうでした。それでもつい安いほう、安いほうと選んでしまう心理は、行動経済学的にも人間の本質として説明されています。

もちろん私も御多分にもれず、その先頭を走っていました。ですが、これはビジネス思考としては、完全にマイナスです。なぜでしょうか。

それは、昔からのことわざにもあるように「安物買いの銭失い」だからです。**まず、「安い=よい」という感情をいったんリセットする必要があります**。質のよいものに見合った値段であるならば、それを喜んで買う意識が大切ということです。

ビジネスにおいても、常に相手との駆け引きがあって当然です。反対に高ければよいというものでもなく、もしかしたら相手は値切られることを見越してわざと高めの値段設定をしているかもしれません。つまり、**高い安いにこだわらず、そのモノやサービスに見合った値段の基準をもつということが最も大切**なのです。

できるだけ値切るようにする

これも、「安いほうを選ぶ」と同じ感覚ですね。すぐにやってしまいそうなことです。どうせ同じものを買うなら少しでも安いほうをと思うのが人間の心理。私も、洋服を格安で手に入れては、いくらで買えたかの自慢（？）を仲間うちですることがあります（いかにも関西人……）。誰よりも安くものを買うことは、情報収集力、値切るコミュニケーション力など、仕事でも必要なスキルが磨かれると日々研鑽していたくらいでした。

なぜ、これがビジネスとなるとデメリットになるのでしょうか。

私たちが一般消費者として買い物をするときは、常に「購入する側」になります。

そこは売る側から購入する側への一方通行の関係でしかありません。ところがビジネスとは往々にして持ちつ持たれつの関係の中で話が進んでいきます。確かに少しでも安く購入できれば嬉しいかもしれません。でも、常に厳しい値切りを要求して、相手に「この人は常に過ぎた値切りをしてくる人」と思われたらどうなるでしょう。

今度は、自分が逆の立場になったとき、助け合いの気持ちが相手に生まれるでしょうか。商売は常に大きな波の中で営まれています。調子のいいときばかりではありません。そういうときに助け合い、おいしい情報を提供し合う人間関係と信頼をつくっておくことが非常に大切なのです。私もこの9年間のフリーランスの中で何度も身に染みて感じました。

もちろんお金も大事ですが、それ以上に信頼を得ることは大事です。そして信頼というのは、お金の使い方ににじみ出るものだと思うのです。

これは、ただ大盤振る舞いをすればいいというものではありません。自分は倹約しても、人様に使うときはケチってはいけない。これは、私が母から常に言われてきた言葉でした。「活き金を使う」、この言葉は、とくにフリーランスになってよく出てくる言葉になりました。3万円より2万9800円に心が動くのが人間です。たった20

円であってもです。だからこそ、お金の使い方で、信頼を積み立てるにはどう振舞えばいいのだろうと考えることが大切です。私も、常に自問自答するようになって現在に至っています。

例えばビジネスにおいては、その会社が広告、採用、教育に対してお金を使っていないと、あまり将来性がないと見られるそうです。直接リターンが見えにくいところにお金をかけるかかけないか。そこが会社として信用してもらえる基準になるというのです。どんなところにどうお金を使っているかで社員のモチベーションも変わってきますよね。**かけるべきところはあまりケチケチせずに予算を取る**ということを、心掛けたほうがいいでしょう。

商売は入ってきたお金の中でやりくりするに尽きる

これまでの3つでお金との付き合い方、使い方を説明しました。

それにしても、入るものがなければお金の出しようがありません。入ってきた中でやりくりするしかないというのも当然です。家計においてはそれは鉄則ですね。やりくり上手は褒められこそすれ、何も非難されるようなことではないはずです。なぜ、これがダメなのでしょう。

私がフリーランスになったとき、はじめに打ち立てた事業が保険の代理店とＦＰとしてのセミナーでした。これをどう人に告知すればいいのか途方にくれました。とりあえず無料でできるフェイスブックに登録してみました。最初の半年はお友だちを50人つくるのも四苦八苦していた記憶があります。広告を打ってセミナーの告知をすることも考えました。ところが調べてみると、地元のフリーペーパーの小さな広告でも3万円も5万円もするではないですか。とてもそんな余裕はないと、私は自分でチラシをつくって、朝の5時から自転車でポスティングを始めました。けれど、毎日毎日どれだけ配れど、まったく反応はありません。数カ月の月日が経ちました。もう私のセミナーなど必要としている人はいないのかもしれない。こころが折れそうになったとき、ＦＡＸで1通の申し込みが……。

これが始まりでした。私はそのひとりの受講生のために、資料をつくり、会場費を払い、はじめてのセミナーを開催することができたのです。

それから不思議なことに、していることはこれまでと変わらないにもかかわらず、少しずつ受講生は増え、そこからまた保険の契約も取れていき、貸会場も既定の人数で埋まるようになっていきました。それには半年から1年の歳月がかかりました。

そのとき、先にビジネスを始めた先輩の言葉を思い出しました。

「お客様は半年見ているよ」と。

たしか、ソフトバンクの孫さんも同じようなことを書いていました。

「全く同じことをしているのに初めの半年間は全く仕事に結びつかなかった」

私たち会社員やパート勤めの人たちには、ちゃんと対価というものが約束されており、日払いではないにせよ、働いたら働いた分だけ決まった日にお給料がもらえます。しかし商売や事業では、そんな約束はどこにもありません。半年や1年、やることがまったく収入に結びつかないなんてこともざらです。むしろ「入り」より「出」が先になることが当たり前の世界。そのため、金融機関から融資を受けたり、出資を募ったりするわけです。**法人を立ち上げるときも、いまは1円の資本金でできますが、多かれ少なかれ、まず資本金として先に出資をするわけです。そこからお金がまわりだしていく。**「出が先」は頭ではわかっていても、なかなか気持ちがついていかない人も多いと思います。そこでこころが折れてしまうわけですね。

そういう意味でも、先に出資する資金をつくるためにも、給与収入を並行して得られる「複業」は、こころに余裕をもたせることができます。

何か大事な決断をするときは、お手本にする人の意見を聞くようにする

これも、当たり前のように言われることですが、私もビジネス書を何冊も読んでは学んだり参考にしたりして、現在に至っています。また、何人かの「メンター」というべき諸先輩方がいて、その方々にときどき悩みを打ち明けたり、指南を頂いたりしています。それの何がいけないというのでしょう。

結論からいうと、**最後は自分で決断し、その責任を負う覚悟があるのかどうか、ということ**です。

組織では、その組織の中のルールがあって、自分は反対意見であったとしても多数決に従う、または上司の決断に従うということは日常茶飯事です。そうすると、心のどこかで、「失敗したとしても、上が決めたことだから」と思ってしまうことは多々あるのではないでしょうか。

しかし、**商売・事業を始めたからには、規模は小さくても自分が一国一城の主です。途中でいろんな意見やアドバイスをもらってもいいでしょう。でも「この人に言われたからそうした」という気構えでは通用しない**のです。

松下翁と称されていた経営の神様・松下幸之助《まつしたこうのすけ》は、私がその生き様や考え方から、いまでも大切なことを教えてもらう存在です。しかし、松下幸之助が生きてきた高度経済成長期と現代はまったく異なる社会となりました。日本のビジネススタイルの象徴でもあった、終身雇用、年功序列の制度もいまや昔のものとなりつつあります。もちろんそこに介在するよさもたくさん知っていますが、もし、いまだにそのふたつの制度を守って会社経営をしようとしているトップがいる会社であれば、私はけっしてその会社の株を買おうとはしないでしょう。

２０２０年の年明けから広がった新型コロナウイルスにより、この事態が落ち着いたとしても、以前の経済活動には戻れないと多くの人が書いています。では、どうなるのか、それもわからないのが実情です。

その昔、アメリカの10年前がいまの日本だといわれている時代もあり、アメリカで流行ったことを少し改善して世に出せば商売が成り立つという時期もありました。ところがいまの日本は、世界中のどこを見てもお手本がいない。

少子高齢化が進み、一部では先進衰退国の道を歩んでいるといわれることもあります。正解のない世界でひとつずつ自分なりの答えを模索し決断していかないといけないわけです。

自分で自分の人生を決め、その責任を負う覚悟はますます必要となっていくでしょう。

サラリーマンのうちからビジネス思考を鍛えましょう

さて、「ビジネス思考」度をチェックしてみて、どんな風に感じましたか。私自身、こうして書いていても、まだこの感覚にとらわれているなあと思うものもありました。ただ、自分がそうであっても、取引する企業はさまざまです。大きな組織もあれば個人事業主のようなところもあるでしょう。相手と取引を始めるときには、大きな額のお金や時間がかかります。その相手がどんな理念で仕事に取り組んでいるか、このチェックリストはそれを見極めることにも役に立つのではないかと思います。

すぐに起業というわけではなくそのうちにと考えている人は、いまはまだサラリーマンだから、自分が事業を始めるようになってから考えてもいいなどと考えず、むしろ、**組織に守られているうちに、ビジネス思考を養いながら自分の棚卸しをしておくこと**をお勧めします。棚卸しのポイントは、**「いまの会社（組織）の中の自分のポジションや価値感ではなく、自分がこの組織という集団から離れたときにどれだけ通用するか」**ということ。

以前、ある大手の会社の大幅なリストラによって、再雇用の就労相談に来られた男性がいました。再就職に向けてその人のスキルの棚卸しをしましょうということで、

「何ができますか」

という質問をしたら、その50代の男性は、非常に真面目な表情で、

「部長ができます」

と答えられました。

残念ながら、たとえ一流企業の部長職だったとしても、他社で評価してもらうときは「部長ができる」ということでは何の評価にもつながりません。どんなプロジェクトを手掛け、それによって会社の売り上げにどのように貢献し、自分の役割はこうい

うことだったと具体的に説明ができて、はじめて評価に繋がるのです。

また、**自分の実力・実績を第三者的評価に変換しておくことも有効**です。例えば、会社の法務関係を処理した実績もあるのでしたら、中小企業診断士、行政書士や社労士などの資格を取得しておくことです。総務で採用担当など人事をしていたのなら、キャリアコンサルタント、経理をしていたら簿記2級を取得しておく。このようなことを、私は自分を商品化するという風に説明しています。

客観的なものさしで自分の価値を示せるように、資格という形で明確化しておくというわけです。

民間資格でも、世間に対して評価や信用が高いものから、まったく認知されていないものまでいろいろあります。受験に大きなお金が動くことも多いでしょう。その資格がどのように評価を受けているのかを、チェックしておく必要もあります。

資格は自分の価値を示す客観的なものさし

私が大学を卒業してはじめて働いた会社は、不動産業を営む会社でした。私は新卒採用の担当でした。同期は現場の営業や不動産の売買を担当していました。私は、実際に宅建（宅地建物取引士）の資格を使って売買することはなかったのですが、採用の面接において宅建をすでにもっている大学生も多かったので、私自身も取得する必要に迫られ、２回目のチャレンジで取ることができました。ところが結局、実務では使わず仕舞いでした。そのままその業界からは離れたので、宅建は私の中に埋もれた資格でしかなかったわけです。

ところがＦＰの仕事を始めて、ある日、ＦＰ３級の資格取得の研修講師の依頼がもちかけられました。ＦＰ３級には不動産に関する内容も含まれるため、そのときに、苦労して取った宅建の基礎知識が役に立ったのです。また、宅建の資格をもっているということで、教室を運営する会社からも、受講する生徒さんからも安心と信頼を得ることができました。そこではじめて、国家資格を取得しておく大切さを痛感しました。

もちろん、キャリアや実力は、そういった目に見える形では表せないものもたくさんあります。ところが残念ながら、転職しようとしても入社するまでは、資格のような誰もがわかる一定の基準でしか人を測れないのが現実です。

自分がその会社にマッチする人間であれば、入社して、あるいは仕事の取引を始めてから、いくらでもアピールできるでしょう。そのスタート地点に立つためにも、自分の価値を客観的なものさしで示せるように、資格をもっておくことはとても有効です。

生み出すときは「プロボタイプ」で

「プロボタイプ」という造語を聞いたことがあるでしょうか。私はこの言葉を、佐宗《さそう》邦威《くにたけ》氏の『直感と論理をつなぐ思考法』（ダイヤモンド社）で知りました。この本を読みながらこの聞きなれない「プロボタイプ」の注釈を何度も戻っては確かめました。注釈をそのまま記すとこう書かれてあります。

プロボタイプとは「Provocation（挑発）＋Prototyping（試作品）」から成る造語で、周囲からのフィードバックを目的につくられる新たな考え方を表現した最小限のプロトタイプのこと。短い時間と限られた予算のなかでつくるため、試作品

（Prototyping）としての完成度は度外視される

これを読んでもいまひとつしっくりきません。私は本文とこの説明を何度もいったりきたりして、プロボタイプとは、「完成度を追求するあまり、時間がかかったり制作発表できなかったりするよりは、精度が低くても世に出してみること」と読み解きました。

これは、これまでの日本の企業の考え方ならあり得ない話です。その商品の欠陥がわかっていて世に出すなんてことはまずしません。起きてしまうであろうクレームに莫大な時間と補償をとられると思う企業が多く、そのためどうしても開発や商品を世に出すのが一歩も二歩も遅れるわけです。まさに石橋を叩いて叩いて叩き割ってしまうタイプですね。

ところがこの本には、これからは、それでもあえて世に出したほうがいいと書いてありました。そして世に出してその欠陥をフィードバックし、改良しながら先に進むほうが大事だといっています。ただ、そう聞くと「よその国であれば通用するかもしれないけれど、そんなこと日本では受け入れられないよ」という声が聞こえてきそうです。

　でもじつは、そのやり方でどんどん日本でシェアを伸ばしている業界があります。それはインターネット業界です。みなさん、新しいスマートフォンやソフトウェアが発売されるたびに、バグ（不具合）が起こることを当たり前として受け止めて利用していませんか？　そして企業は、開発者が気づきもしなかったバグやシステムエラーを消費者から聞いて、意見を吸い上げてどんどん改良、アップデートしていますよね。

　今後ビジネスとしては、この思考法が価値をもち、選ばれていくのではないでしょうか。

　そして、この思考法を日常に取り入れることが、自分の大きな改革に繋がると感じています。どうしても日本人の気質として、「完成していないものをアウトプットしてはいけない」という思いこみが強いように見受けられます。社内でも、たとえ商品化される前のプレゼンテーションだったとしても、つい批判を恐れて提案するのをためらってしまうことがなかったでしょうか。プライベートでも、英語が話せるようになったら留学しようとか、材料がすべてそろわないとこの料理ができない、なんていう思考に陥ってしまうことはありませんか？

試作品というのは、完成品ではないわけです。**不具合や失敗があって当たり前。それをほかの人と共有することで不具合が見つかり、さらに内容が深まり、そのくり返しの結果、よいものができる。**そんな風に思考を変えて、自分からどんどんアウトプットしていくことが大切です。

私は、２０１９年の7月に友人と法人を立ち上げ、その役員をすることになりました。そこの提携先は、中国の方が多い商社なのですが、とにかく彼らはすべてのスピードが速い。速い分、抜けも粗も多いわけです。日本のビジネスの常識からするととんでもないことを平気でフライングしてやります。

それでもそのスピードによって、いま社会が欲しがっているものを短時間でつくり上げ、世の中に出していきます。そのスピード感とエネルギーに、とにかく圧倒されます。私たち日本人スタッフは、彼らのスピードの中で、どうしてもここは押さえておかないといけないという部分をカバーしてついていくので精一杯です。役員会議も何もありません。西安、上海、東京、大阪と離れたところで当然のようにウィーチャット（WeChat ※主に中国、マレーシアなどのアジアで使われる10億人以上のユーザーをもつメッセージアプリ）でグループがつくられ、討議し、どんどん物事が決まっていくのです。この様子を少し離れたところで見ながら、きっとこれがこれからの仕事の進め方なのだろうという思いを強くしました。

そんな中で起きた2020年のコロナ禍、ますますその風は「プロボタイプ」に吹いているようです。

もちろん、リスクなしに無謀に動くことがいいわけではありません。ただ、自分が足踏みしているとき、その理由を自問自答してみると、私個人としては失敗したら怖いとか、人に笑われるのではないかという恐れが多いと気づきました。いま、立ち止まっているだけなのか、恐怖で足がすくんでいるだけではないのか。そこを見つめる習慣をつけるだけでも大きくこころの変化が生じてくるでしょう。

消費、浪費、投資、出資のちがいを明確に

こころのバランスでもうひとつ避けては通れないのが、お金の問題です。

まず、ビジネスということを横に置いておいて、一度自分のこころに問いかけてみてください。

消費	値段と価値がイコールで表せるもの（値段＝価値）。
浪費	本来なら必要ないものとして説明されるもの。値段と価値が同等、あるいは値段のほうが価値よりも高い（値段≧価値）。
投資	資格取得など、未来の自分のために使うもの。いま払うことで、のちにその値段よりも価値が大きくなる（値段≦価値）。
出資	基本的に、他者（他社）のために出すもの。その分、回収の計画もしっかり立てる。

図5　消費、浪費、投資、出資のちがい

あなたは、「お金を汚いもの、お金儲けは悪いこと」と思ってはいないでしょうか？

私がFPとして相談業務をしている中でも、この概念にとらわれている方は、案外多いと感じています。そしてそれは、その方のせいではなく、親の考え方や学校教育にあると思っています。

お金は、何でも節約すればいいわけでもなく、どんどん使えばいいというものでもありません。

使うお金は大きく分けると、消費、浪費、投資、そして出資の4つです（**図5**）。

この4つのちがいですが、まず消費は、その値段と払う対価の価値がイコール（値段＝価値）で表せるものです。普段の食費や家賃などの生活費が、これにあたります。これがだいたい収入の80％を占めるといいでしょう。

浪費は名前のイメージのとおり、ムダ金といわれる部分です。本来なら必要ないものとして説明されるもので　その値段と対価の関係が、支払った分の価値がない（値段≧価値）と表されるものです。ただ、浪費がまったくないというのも、生活に潤いがないかもしれません。これもあらかじめ予算に組み込み、浪費をなくせない罪悪感から開き直って衝動買いに走ってしまうようなことを防ぐといいでしょう。だいたい収入の5％ぐらいを目安にします。

そして投資です。これは、未来の自分のために使う予算です。資格取得などがこれにあたり、いま払うことでその値段より大きな価値をもつ（値段≦価値）はずのお金です。これが収入全体の大体15％になります。

最後の出資は、投資のひとつでもありますが、他者（他社）に対してお金を提供することです。出資するお金は、収入からというよりも、普段は手をつけない貯金や借り入れ金を使います。投資してもうけた分を出資することもあるでしょう。

あえて私が投資と区別したのは、約束されたリターンの目安はないものの、出資をした意図や出資金をどう回収するかということに関して、投資よりも意識を高くもつという意味を込めたかったからです。

そうしたのは理由があります。よく「自分への投資」という言葉が使われますが、果たしてその中に、真剣にその投資によるリターンを目指しているという人はどれだけいるでしょう。

これを学びたい、資格を取りたい、自己啓発セミナーで自分磨きをしたい。そんな気持ちからのアクションを自分への投資と思っていても、いつしか学ぶことがゴールとなり、またこの資格を取ったらほかの資格をと、それを何に生かすのか、いつまでたってもゴールが見えなくなる人が周りにいませんでしょうか。

じつは、かつての私がそうでした。「とりあえず資格でも」といろいろやってみるのですが、いざそれを使って何か事を起こそうとすると、「いや、まだこの経験が足りないから今度はこっちを学ぼう」と自分に言い訳をして、ちっとも前に進みませんでした。学んでいる間は楽しいのです。自分も成長しているような気になります。けれど、そこからちっとも前に進まない。

それは、資格を取得するためにかかったお金や時間などのコスト感覚が甘いからなのだろうなと反省しました。そこから常にコストに対するリターンを意識するようになり、それからはそんな回り道も少なくなってきたように思います。

また、相談を受けていてもやはりいちばんよく聞くのが、先ほどのプロボタイプにも通じるところなのですが、実際に動くとなると失敗することが怖くて、「これを取ったら仕事を始める」という安心《コンフォート》ゾーンにいるために、資格の取得に努めてしまう。結果、そのゾーンからいつまでも飛び出すことができず、ひとつ取ったら次の資格を取るというくり返しから抜けられなくなってしまうということです。

自分磨きという点では、それもまたいいのかもしれませんが、投資とのいちばんのちがいは、**それによってしっかりリターン（収益）をあげられるという目的をもっているということ。**いますぐは無理でも、それを意識して行動に移せているかということです。

自分がチャレンジしていることが趣味の自分磨きどまりなのか、出資まで意識して行動しているのか、常にチェックするクセをつけてみてください。そこから生まれてくるビジネスが必ずあるはずです。

家庭でお金のことを話し合いましょう

そして、ぜひお願いしたいのが、これからの子どもたちへの金銭教育です。「親や学校が、子どもにお金のことを言うなんて」という意識があると、子どもたちはきちんとお金のことを学ぶ機会がありません。そしてそのまま社会に出て行ってしまいます。

最近ではやっと、大学の授業などで金銭教育をするところが出てきました。私が関わっている高校では、奨学金の説明について親だけでなく、親子ともども参加を呼びかけているところもあります。ですが、どうぞご家庭でもお金のことをオープンにして、話し合う場をもっていただきたいのです。そして親子でお金に対する学びを深め、「お金を稼ぐことは悪いこと」などといった、誤った価値観をもたないようにしてほしいと思います。お金に対するネガティブなブロックをつくらない。このブロックがあると、事業を成功させることもまた難しくなってしまいます。

子どもには金銭教育を！

私がＦＰを目指したきっかけは、じつは子どもに金銭教育をしたいと強く思ったからでした。当時私は、就職進学斡旋情報誌のＲ社で県内の高校をまわる仕事をしていました。「超」進学校から、ほとんどの生徒が卒業後は就職するような高校まで、さまざまです。その頃は進学校ではなくても、望めば大学に入れる大学全入時代に突入するといわれ、仕事も需要のほうが高く、フリーターで仕事をすることがもてはやされていた時期でした。高校の先生に話を聞くと、生徒たちの中には大学に進学しても、就職しても、少し嫌なことがあるとすぐにやめてしまう子がいると頭を悩まされていました。

ところが、そうしてやめた子どもたちはどうしているのかと聞くと、何も困っていないというのです。もともと家では個室が与えられ、部屋にはすでにTV、クーラー、パソコンがあり、携帯電話もあります。家賃もいらず、衣食住にも困りません。フリーターで働くほうが自由も利いて社会保険なども引かれないから手取りが増え、自分のお小遣いにも困らない。そんな状況だというのです。

また学校によっては、ほぼ全員が指定校推薦で進学するところもあり、すると大学に進学しても、受験で苦労した覚えもないから簡単にやめる。働き口はすぐ見つかるからと、ちょっとでも条件がよさそうなところがあると転職し、少し嫌なことがあるとすぐ辞めるというのです。

私が所属した企業のグループ会社には進学、就職に関するデータをまとめるリサーチ研究所がありました。そこが講師として開く研修でこんな風に警鐘を鳴らしていたのです。「いまフリーターといわれている層が約60万人います。この数字が10年後にはそのままニートになります」と。まだ新卒市場も好調だった2005年頃の話です。私たちはその話をぼんやり聞きながらも、正直言って実感をもてませんでした。ただその60万人という数字とそれがそのままニートになるといった言葉だけが記憶に残りました。あれから15年の歳月が経ち、現在ニートと称される方が60万人近くいるという報道を聞くたびに、そのときのことを思い出してどきっとします。

あの時代、関わった高校生にしっかりした金銭教育とキャリアプランを伝えることができていたら、彼らは安易にフリーターを選ばなかったかもしれない。そしていまの状況は変わっていたかもしれない。わが子が高校生になるまでに何とかしたい。その思いがFPの資格を取り、キャリア教育コーディネーターやキャリアコンサルタントへの道へ繋がりました。

ただ、実践しながら、金銭教育といっても学ぶタイミングも重要だと気づきました。小学生の子どもたちにお金の授業をしても、何かちがうのです。ただのお買い物ごっこになってしまう。また株式投資のシミュレーションを学んだとしても、お金を稼いだり使ったりすることの理解には繋がらず、むしろ**小中学校までは、家庭教育の中での金銭教育が大切**だと感じました。

私は縁があって、小さい子どもを抱えて働くお母さんと接する滋賀マザーズジョブステーションで就労相談に応じていました。そこでお母さん方に、子どもたちに金銭教育をしっかりすることで、子どもたちにも伝えることができるのではないかと考えました。そこから、私の就労相談は少し心構えが変わってきました。働くということは、ともすれば個人的なことと思われるかもしれません。ただ家族がある限り、その関係性なしには成り立たないのも事実です。そこで仕事、そしてお金というキーワードを通して、子どものこと、夫や親との関係、離婚問題に至るまで相談内容を踏みこむようになりました。

現在、学校においても「知るぽると（金融広報中央委員会）」の働きかけもあり、少しずつ金銭教育への理解が進んできていますが、「教育の現場で子どもにお金のことを教えるなんて」という意見はまだまだあります。**子どもたちが、金銭トラブルに巻き込まれたりすることのないよう、教育や親の価値観から見直していかなければな**

りません。

ちなみに、私は学生フォーラムなどでキャリアについて講演するとき、学生から社会人になるときは、一度組織の中で働くことを勧めています。最近では学生起業家も随分出てきて、一度も会社勤めしたことがない若者とも出会うようになりました。もちろん、それだけ優秀な才能とバイタリティをもっているのでしょう。ただ、自分の仕事が大きく成長してＢ to Ｂ（企業間取引）でやり取りする場合、自分が組織で働いた経験がないと物事の進め方やビジネスの通常取引における常識が欠けてしまう恐れがあります。**もし起業しようと思っているお子さんがいるなら、一度は企業で働いておくのはとてもいい経験になる**と思います。もちろん、これは同時に、大人にも言えることです。

第6章

人生は50代からが華

50歳からはメスを捨てて女を磨く

私が高校生の頃、女子大生ブームが起こり、自分が大学生になったときは、女子高生ブームになっていました。どんどんアイドルは低年齢化し、その時代をときめく女子高生たちの中には、

「女子大生というおばさんになったら女は終わり」

とインタビューに答えている子もいて、ショックを受けたことを覚えています。そこから時代は変わっても、若ければいいという社会の称賛風潮はなかなか拭えず、30代から40歳、40代から50歳への節目はいつも沈鬱な気持ちで迎えていました。仕事でもプライベートでも女性としての華は過ぎたのだと、一抹の寂しさを感じていたのですね。

ところが、そんな私に、少し年上の友人はこともなげにこう言い放ったのです。

「何を言うのよ。女性は50歳過ぎてからがおもしろいのよ」

そう話す彼女は無理してそう言っている様子でもなく、本当に楽しそうでした。

恐る恐る、そのわけを尋ねてみました。すると彼女はこう答えてくれたのです。**30代40代はまだ、その下の年代の女性からライバルと見られて大変だけど、50歳を過ぎるとメス同士の戦いにおいては戦力外（⁉）となって、ライバル視されることも少なくなる**のだ、と。それどころか、もうまったく自分のステージを荒らす存在でなくなったわけですから、

「憧れます」

なんて言って慕ってきてくれるというのです。

考えてみれば、思い当たる節があります。私も職場で、私より自分の子どもに近い年齢の人が増えてきました。それなりに私も通ってきた道で同じような悩みをもつ彼女たちはかわいらしくもあり、ライバルというよりは、アドバイスをしたり応援したりすることが素直にできるようになっていました。

そして、**潔く若さへの執着を捨てて、その年齢なりの女性としての品を磨くことに専念しているうちに、同性同士の人間関係が非常にスムーズになってきた**のです。

若さに執着してしまうと、若い子たちと同じステージに立つため比較が起きて、心穏やかになれません。上司が若い後輩ばかりえこひいきしている。老眼でモノが見え

にくいけど若い者に弱音を吐いて負けるわけにはいかない……これでは、いつまでも同じ土俵で戦闘態勢に入っているわけで、相手も身構えてしまいます。むしろ自分の立ち位置を中心から一歩外れたところで見つけ、若くして頑張っている後輩を応援し、加齢によってできないところは素直に助けてもらう、そんなスタンスであれば、人間関係も柔らかくなります。仕事上では自分より若い人が上司やリーダーであっても、人生の先輩としてお互いを尊重し合った関係をつくっていくことも可能でしょう。

もし職場に子どもを抱えて復職した30代の女性がいれば、子どもが小さい間はなかなか残業や出張などをこなすのが難しい人ではないでしょうか。そういう仲間がいたら、自分も通ってきた道、ぜひその仲間に手を差し伸べてあげてください。人によって結婚した年齢や親の年齢がちがうので一概には言えませんが、50代は子育てもいち段落し、介護のこともう少し先という、いちばん自由が利きやすい年代です。助け合う環境をつくることで、よい人間関係を構築しておけば、今度は自分が介護や病気などで困ったときに助けてもらえることでしょう。

また、男性も中間管理職くらいの立場になると、昇進争いやセクハラ騒動に巻きこまれないかと気を使って仕事をしている人も多くいます。そんな男性は、自分より年上の女性であれば、人生の先輩として素直にアドバイスに耳を傾けることもできるし、セクハラなど誤解を受けることも心配なく相談しやすいと、頼ってくれる場合もよくあるようです。

先ほどの彼女はさらりとこう言いました。

「50過ぎるとね、男の人もみんなおりこうに言うこと聴いてくれるのよ」

なかなかこの境地に達するのは難しいかもしれませんが、こんな風に肩ひじ張らずに生きられたら素敵だと思いませんか？

シーソーのように支え合いながら、真の独立を目指す

私が親しくさせてもらっている方の中に、男女の役割にこだわらず、お互いバランスを取って、仕事に子育てに邁進している家族がいるので、ご紹介したいと思います。夫は上場企業に勤め、海外勤務もこなす現役バリバリのサラリーマン。妻は現在５つの仕事を抱えながら子ども３人の子育て真っ最中で、法人代表を務める事業主。30代の若いふたりから、私は多くの可能性を感じました。

「このまま、何やらかすかわからない旦那を待っているだけの人生だと、子どもを守れないと思ったんです」

その隣で彼女の夫はニコニコ笑っていました。

「どっちにしても専業主婦には収まらない人ですから」

そんな彼女が株式会社を立ち上げようと思ったのは、子どもが7歳、3歳、1歳と家族5人になったときでした。はじめは県が主催する起業塾に子どもを預けて学べる、その魅力に惹かれ、自分が何をしたいという具体的な構想もないまま参加したんだそう。ただ、参加費3000円に惹かれて受講を決めた自分に気づき、社会的弱者なのだとも実感したのだとか。だけど学びだしたら動かずにはいられません。受講仲間が、起業の目的はあってもその拠点となる場所がつくれないことで立ちすくんでいたら、その拠点を自分がつくったらいいと即決。それが彼女のひとつめの事業、コワーキングスペースの運営の始まりだったそうです。ちなみにコワーキングスペースというのは、さまざまな業種や会社の人たちが同じ空間を借りて作業をするスペースのことです。

いきなり法人を設立、しかも乳飲み子含め未就学児を3人も抱えているという彼女の無謀ともいえる計画に、ほとんどの人は反対したそうです。その中で背中を押したのが、彼女の夫でした。なんと、法人の資本金に300万を出したのです。同じ金額で車を買っても価値が下がるだけだけど、この株式投資ならすべて失ったとしても経験が残る。やるならちゃんとする。それが夫の唯一出した条件でした。

ふたりは18歳と19歳の学生時代に出会い、はじめての子どもとともに学生結婚でスタートしました。就職しても波瀾万丈は続き、夫は病気をしたり、酔っぱらって川に落ちたりして、4年連続で入院したとのこと。彼女は彼が死んでしまっても幼い子どもを守れるようにと、

「夫に頼らず稼げる私に、いまからならなければ」

と固く決心したのが冒頭の発言に繋がります。その決心が、起業の大きな動機となりました。

運営開始直後から、みんなの心配通り、コワーキングスペースの運営はなかなか軌道に乗りません。通帳の残高は無情なくらいにどんどん減っていきます。そんなとき、

入居者のひとりが海外輸出する商品の、ウェブサイト用の画像撮影のアルバイトをしないかと話を持ちかけてくれました。起業したからにはそれだけを専念してやらねばならない、そんなこだわりがとれ、ふたつめの仕事となりました。

その後、少しずつ入居者が増えてコワーキングスペースの運営が軌道に乗りだした4年め、やっと事業が安定してきたと思いきや、彼女の眼はもうその先に向けられていました。彼女の実家は養蜂をしていたのですが、ミツバチが農薬のせいで絶滅の危機に陥っていると知りました。すると居ても立ってもいられなくなり、人が食べることができる花ならミツバチにとってもよい花のはずと、いきなり銀行から融資を受け、ビニールハウスを建てて、食用花「エディブルフラワー」の栽培を始めたのです。生花だけでは販売のロスが大きいとわかると、自宅のキッチンで何度も試作してはドライフラワーの開発を手掛け、やがてその販路は世界中に広がりました。これが蜂蜜の販売、エディブルフラワーの生産加工販売と3つ、4つめの仕事です。

法人を立ち上げたときには、自分が何をしたいか定まらず、仲間の役に立つということで始めたコワーキングスペースでしたが、自分がやっていきたい事業の形が見えれば迷わず突き進む。気がつけば、会社はコワーキングスペースを軸に8期目を迎えていました。

計算が苦手な彼女を生産管理と経理の面で支えているのは夫。彼は法人を立ち上げるときから定款の事業内容を多岐に登録し、どのようにも展開できるようにつくっていました。

現在は、コワーキングスペースの運営、エディブルフラワー事業、蜂蜜のブランド化、起業講師などを法人として、そして学生時代から夢だった養護施設関連事業のスタッフとしても給与収入を得て働き、5つの仕事を掛け持ちしています。0歳だった乳飲み子は、現在9歳になり、学生時代に生まれ、命を守ると誓った長女は16歳になりました。

電車に揺られて通勤して、オフィスで働くといった体験は社会人になってから一切したことがない彼女。夫は単身赴任や海外勤務でほとんどワンオペ育児という環境だったため、働きに行くということはとても無理でした。それでも、一切あきらめることなく、自分の力を信じ、突き進んでいます。その無謀さゆえについ手を差し伸べたくなると言ってくれる、たくさんの支援者に支えられてここまで来たと語ってくれました。また、法人を立ち上げたため融資を受けることもでき、それを返済するというプレッシャーがあればこそ続けることができたとも、教えてくれます。
　もちろん夫も、そんな彼女をずっと傍で見守り支えているだけでいいと思っているわけではありません。終身雇用という幻想はとうに消えている現社会。だからといって会社をすぐ辞めるつもりもありません。彼は会社も自分のリソースとしてとらえ、個人ではできない経験をさせてもらっていると感謝しています。大きな組織の中で自分の仕事というものを確立したいと頑張っています。そして彼女の事業がもっと軌道に乗り、収入の面でも役割交代が可能になってきたら、今度は自分がフリーになって活動することも考えているのだそうです。いまの会社が自分の取引先になるような関係の独立もあり得るのでしょう。そして自分が最終的に思い描いている夢をひとつ教えてくれました。それはアーバン（都市型）ワイナリーを設立すること。いまの彼女の事業とも親和性が高く、もっと付加価値を加えることができるからとのことでした。

　ふたりは男の役割、女の役割にこだわっていません。**家族を守り子どもを育てていくという責任感の中で、いま自分がどう働くことが適材適所であるか、それだけ**ですと言い切ってくれました。ふたりの二人三脚はこれからも続いていくのでしょう。事業がどんな風に展開していくのか楽しみでなりません。

人生は、仕事さえうまくいけばそれで幸せというわけでもないでしょう。神田昌典《かんだまさのり》氏の『成功者の告白』（講談社＋α文庫）には、仕事が成功して忙しくなればなるほど、プライベートがないがしろになって、家庭不和が起こったり、健康を害したり、なぜかその健康などのさまざまな問題が家族に現れたり（不登校や病気など）することがあると書いてあります。家族のためにと自分の人生を犠牲にして過ごしても幸せにはなれないように、自分だけが成功して幸せであっても、家族が幸せでなければ、そこに影を落とすことになります。縁あって家族となったのでしたら、その家族全体のバランスも考えながらキャリアを積んでいかないといけないので、ますます複雑なバランスを取ることが求められていきます。

家族は運命共同体としてロングスパンの計画に取りこみ、考えていく必要があるでしょう。常に全員が１００％希望通りにいくわけでもありません。ときには自分が家族の縁の下の力持ちとなり、ときには自分が先頭に立つことを応援してもらうという、持ちつ持たれつといった役割を互いにこなし、それぞれの状況を尊重し合うことが大切ではないでしょうか。

子どもを自立させるのが親の役目

少し話が変わりますが、将来、自分の子どもにどのようになってほしいと思いますか？　親として、いろんな夢や希望が出てきますよね。でも手段や目標は別として、**親がしなければならない基本的なことは、子どもを自立させること**です。自分のことを自分でできるようになり、社会人となって自分で稼ぎ自分の食いぶちを賄うことができるようになる、これに尽きると思います。そして、子どもが自立することが、50代以降の人生にも大きく関わります。

子どもは大切な存在です。願えば何でもかなえてあげたいと思います。目の前に石が落ちていれば取り払い、転ばないように気を配るのが親の務めでもあるかもしれません。でも、いつまでそれをしてあげたらいいのでしょうか。20歳を過ぎても、結婚しても、自分のテリトリーの中に入れておきたいですか？　滋賀マザーズジョブステーションにやってきた相談者さんに尋ねるとみなさん、一瞬考えこみます。

もちろん、その年代に合わせてのフォローは大切でしょう。でも率直に申し上げますと、子どもの世界は、中学校に入ってからはどんどん自分の目の届かない範囲にまで広がっていくわけで、いつまでも追いかけて先に落ちている石を拾ってあげるわけにはいかないのです。むしろまだ若いうちに、ときにはその石に気がつかず転んでしまって痛い思いをする。こういった経験がとても大切になるわけです。親としては、はらはらして見ておられず、つい手を差し伸べたくなる気持ちもわからないではありません。でも、その行為ははっきり言って、相手（子ども）のためというよりは、自分の心配を解消したくて動いているに過ぎないのです。

きついことを言うようですが、

「子どもの手がかかるから働くことができない」

と話す親御さんの半分は、自分が子どもを手放すことができないのです。

先に書いた、私が子どもの金銭教育が必要だと思った理由のひとつもそこにあります。あるとき、リサーチ研究所の方がこんな実例を話してくれたのです。

その方は、日本の最高峰の大学のキャリアサポート室が新設されるにあたり、副学長に迎えられていました。なぜそんな、誰もがうらやむ大学に就職支援が必要になったのかというと、日本一ですから、もちろんその大学に入るには親も子も相当な努力を払って入学してきた人が多いのでしょう。経済的にも恵まれた人が多く、就職先が希望するところに行けないとなると就職留年する人も多いそうです。ところが大学に在学できるのは最長8年までと決まっており、その8年を過ぎると大学に在籍することもできない。そういう学生が非常に増えてきたそうです。少子化で、いちばんの就職先であった大学の講師もなかなか競争率が高くなり、よい大学を出ているからとすんなりその職に就けるわけでもなくなってきました。そういう現状を踏まえて、キャリアセンターが新設されたわけです。

では、そうなった人はどうしているのでしょう。じつはそのまま家にいて、無職の人が少なくないというのです。ここには、親の意思も深く関わっています。

「せっかくその大学まで入れたのに、名だたる企業に入れないのであれば、行かないほうがまし」

と考える親御さんもいるとか。これが、世の中で称される「高学歴ニート」の実態です。

もともと優秀なので小さい頃から失敗する体験も少なく、これが大人になってはじめての挫折となり、そのまま立ち直れない人もいます。親が、最高の教育環境をと苦労して温室状態で育てれば育てるほど、外の空気に触れたときに、一気に風邪を引いてしまうのです。

そう考えると、**いつまでも自分のテリトリーの中で子どもを守っておくことは、リスクである**と言えるのではないでしょうか。子どもにとってももちろんですし、自分にとっても、本来なら子どもが自立し、自由な時間が増えるタイミングで、まだ子どもにかかりっきりということになってしまいます。

「子どもを預ける」が働くことへの第一歩

私は子どものためにも、子どもがある程度の年齢になったら、親がふたりとも働くことをお勧めします。もちろん子どもの中には、お母さんが大好きで仕事に行くことを嫌がる子どももいることでしょう。公的機関でも、託児室に預けて相談を受けることができるようになっているところが多いのですが、はじめての託児のときは子どもたちが大泣きすることがよくあります。そうするとお母さんはとっても心配そうに、

「ああ、まだうちの子は預けるのは早かったのだわ」

と後悔の表情を見せます。そこで私たちはすぐにこう声をかけるのです。

「大丈夫です、これを数回続けたら、子どもたちは託児室まで走っていくようになりますし、いざとなったらすぐにお迎えにいけるのですから、一度預けてみましょう」

そして、相談中も子どものことが気になって仕方がないそぶりのお母さんに、

「お母さん、心配ですよね。みなさん誰でもそうなんです。でも、ここの1時間を預けることが無理だと思ったら、一日中の保育園はもっと難しくなりますよね。少しずつ慣らしていきましょう。そして、お迎えに行ったときに子どもさんが大泣きしていても、次もぜひ預けてくださいね。**泣いて子どもさんが駆け寄ってきたとしても、『ごめんね』ではなくて『ありがとう』といって抱きしめてあげてください。**子どもは親の言葉をそのまま受け止めることがあります。『ごめんね』だと『あれ？ お母さん何か悪いことしてきたのかな』と思うかもしれません。でも『ありがとう』と言って抱きしめられたら『ぼくが頑張ったから、お母さん喜んでくれたんだ』となりますから」

そして、たいていのお子さんはその通りになっていきます。むしろそうなって寂しいと思っているのは、無意識だと思いますが、子どもよりお母さん本人であることが

多いのです。子どもは、そんなお母さんの感情を察知してしまって、いつまでたっても慣れないわけです。

ですからお母さんたちには、たとえほかに預かってくれる人がいたとしても、ぜひ託児室を利用してくださいと伝えます。就労支援をする私たちにとって、「子どもを他人に預けてみる」という行為も、働くためのりっぱな第一歩だと考えているからです。これができることで、親が将来の自分のことをしっかり見つめ直すというだけでなく、子どもたちに、親や身内以外の他人の大人を信じる力が身につくのです。

保育園に行くようになれば、もっと大人数で長時間預かってもらうことになるでしょう。せめてこういった場所で少しずつ慣れながら、むしろ新しい世界を楽しむステップに使おうというくらいの心もちでいていただきたいと思います。

子どもの「ほしい！」は自立を学ぶチャンス

子どもは小学校3年生くらいになったら、交友関係も豊かになり、スポーツクラブや習い事にもどんどん興味をもつ頃です。また、いろんなものがほしくなる頃でしょう。そのときが最初の自立のチャンスです。
まず前提として、結婚したら、パートナーと子育て、就学、進学、転職、家の購入、介護、病気になったとき、失業したときなど、将来のシミュレーションや必要な予算を、具体的な数字も使ってその都度その都度話し合い、計画するという土台をつくっておくことが大切です。そしてこのタイミングで、その話し合いに、子どもたちも参加してもらうのです。

前章でも書きましたが、お金の話を子どもの前でしたくないという意見に、私は反対です。むしろ積極的に、そしてできるだけオープンにするほうがいいと思っています。

子どもが「●●がほしい！」と言い始めたら、家族会議を開き、子どもたちの意見を聞きます。例えばスポーツクラブに所属すると、道具やユニフォーム、遠征費用など、馬鹿にならないお金が必要になってきます。**やりたいことをかなえるためにはお金が必要になるということもすべて、子どもたちに共有していきます。そしてその費用を捻出するために、親がふたりとも働く必要があることを伝え、そして働くと親が忙しくなる分、子どもたちにも家族として果たす役割（仕事）を振り分けていく**のです。子どもも自分のやりたいことをサポートするためにと言われれば、その実現のために自分ができることを自覚していくでしょう。一方的に「お手伝いしなさい」というより、参加する気力も湧いてくると思います。これは、子どもだけでなく、パートナーの趣味ややりたいことの希望も聞いてみるといいかもしれません。例えばパートナーが釣りが好きな方であれば、普段はあまり家事や育児に協力的ではなかったとしても、自分の権利を認めてもらえば、子どもの送迎や当番などにも交代で取り組むようになるでしょう。

家族全員がお互いを尊重し、夢をかなえるためにお金のことや働き方をオープンにすることで、暮らしの風通しがよくなります。ぜひ、実践してみてください。

子どもが18歳になったら一人暮らしをさせる

私は、子どもたちが幼い頃から、18歳になったら家を出るようにと告げていました。そのため最初から、子どものベッドも2段ベッドではなく、引っ越しの際に家の階段から降ろしやすいように折りたたみベッドを買ったほどです。

子どもたちはそれをずっと聞かされて育ったので、ふたりとも同じ関西圏の大学に進学したのですが、自宅から通うことも可能な範囲だったにもかかわらず、下宿生活をさせました。

大学生という大人のようなまだ子どものような中途半端な時期をひとりで暮らすことによって、ひとりで過ごす楽しさと厳しさを味わってほしかったのです。ですので、大学もどこに行くかというよりその4年という時間をあげたい。そんな気持ちが強くありました。

経済的余裕のない中での下宿生活ですから、住む家の選択肢は限られます。まず、ふたりとも家賃が3万7000円という、非常に格安のワンルームに住んでもらいました。そして大学の近くで通学時間がかからないわけですから、授業料と家賃は親が払う代わりに、生活費は自分たちのアルバイトで賄ってもらいました。遊びたいさかりの年代ですからいろいろと苦労もあったでしょうが、ふたりともその条件の中で大学を卒業し、社会人になっていきました。

就職活動では、どこに行っても、生活費を自分で賄っている話をすると好意的に評価してくれたらしいのです。ふたりとも一流といわれるような大学ではなかったのですが、希望する会社の内定をもらい、しっかり働いてくれています。内定後、先輩に聞くと、大学で華々しい成果を出したことも評価に繋がるけれど、どれだけ苦労して物事を乗り越えてきたかを具体的に話せる学生のほうが、好印象だったということです。

下の娘が高校生の頃は、私も仕事が忙しすぎてほとんど放置状態でした。電気はつけたまま、お風呂は入り放題など、目をふさぎたくなるようなことも多々ありましたが、そこはぐっと我慢しました。ところがそんな娘が、一人暮らしを始めていちばんにほしがったものが、オン・オフのタップ付きのコンセントだったときにはびっくりしました。聞けば電気代がもったいなくて、毎回コンセントから抜いていたそうです。それを聞いただけでも一人暮らしをさせてよかったと思いました。

余談ですが、娘はこの4月（２０２０年）に新入社員として働き始めました。大学時代に下宿していたところは学生専用マンションではなかったので、同じ部屋にそのまま住んでいます。これは、大学入学時、一人暮らしを始めるときにお世話になった不動産屋さんのアドバイスでした。古いけれど鉄骨造りのオートロックのあるマンションで、更新料もないその格安物件は、大学の最寄りの駅（普通電車しか停まらない）からひと駅離れたところで、そこは急行電車も停まる大きな駅でした。こちらのほうが社会人になっても住めるし便利だからと言われ、その通りにしたのです。娘ははじめ、社会人になったらもっとおしゃれできれいなところに住みたいと言っていたのですが、いざ自分が家賃を払う段階になると、このままでしばらくはいいかなと考えが変わったようで、現在に至っています。18歳からの一人暮らしを経て、非常に地に足の着いた、たくましい子に成長してくれました。

第7章

定年後の暮らしぶりを考えたことはありますか?

定年後のパートナーとどう付き合うか

子どもが巣立つと家族の在り方や役割分担も変わります。みなさんはそうなったときの自分や、パートナーとの過ごし方を考えたことがあるでしょうか。まだ先のことだから、と思っているかもしれません。でも、これをぼんやりとでも考えておくのと考えていないのでは大きくちがいます。

みなさんは「濡れ落ち葉族」や「夫源病《ふげんびょう》」という言葉を聞いたことがあるでしょうか？

「亭主元気でルスがいい」なんてCMが流行《はや》ったこともあるほど、世代によっては、パートナーが現役で仕事をしていたときは、ほとんど家にいなかったという人も多いのではないでしょうか。企業戦士といわれ、平日は夜遅くまで残業や接待に費やし、土日はゴルフに行く、そんな姿が当たり前のように語られた時期もありました。

そんなパートナーがある日定年を迎え、24時間家にいるようになった。そんな状況を想像してみてください。暇だからと買い物に行くのにもどこでもついてくる姿は、ときには微笑ましくも感じますが、いつしか24時間監視されているようでうっとうしく思う人もいるそうです。これまでは朝送り出してしまえば、帰ってくるまですべて自分の自由時間だったのに、三度三度の食事の用意を当然のように期待され、口を開けて飯はまだかと待たれるわけです。これは相当のストレスだそうです。そんな状況に我慢していると、不眠、動悸、手足の震え、高血圧などの症状が出るようになり、ときにはうつっぽくなる人もいます。調べても目立った原因もありませんが、これがじつは、夫源病という病気なのです。名前の通り、夫、つまりパートナーが原因でなる病気です。

うちのは外交的だから大丈夫、と思うかもしれません。たしかに自分のことは自分でするし、時間を上手に過ごせる方ならこんな心配も無用のように思えます。でも、そのようなタイプの方も注意が必要な場合があります。それは、その余暇の時間の使い方がやたらお金がかかるものである場合です。例えばゴルフや旅行などは、退職金もそれなりにあれば、はじめのうちはいいかもしれませんが、現役世代と同じように気にせず使える人はどれだけいるでしょう。老後資金２０００万問題であれだけ大騒ぎになったのです。

また自分が大丈夫であっても、その一緒に遊ぶ友だちが自分と同じような遊び方ができるかもわかりません。すると、お金・仲間・時間と三拍子そろっていた人でも、年齢を重ねていくとだんだん行動範囲が狭まってきます。そうして自分の動ける範囲が狭まると、途端にパートナーへの干渉が始まるのだそうです。

そんな**手もち無沙汰なパートナーに有効な手立てのひとつが、近所で遊べる場所、仲間と集う場所をつくるということ**です。ここでも、あなたがさまざまな仕事を通して培ってきた力が、きっと発揮できます。

第4章で、子どもが小さく仕事もままならないときのスキルアップ法として、PTAや地域のボランティアなどをお勧めしました。このときの「無形資産」である、自分が築いてきた地域の人脈を生かして、パートナーが少しずつ地域に溶けこんでいくよう、お膳立てをするのです。こういう言葉を聞いたことはありませんか？　**定年後のパートナーに必要なものは「きょうようときょういく」**。

そうです。今日「用」事があることと今日「行く」ところです。

例えば、趣味でそば打ちを嗜むパートナーだったとしましょう。まずは町内のイベントでそばを振舞うお手伝いをお願いします。そこで近所の方と顔なじみになったことをきっかけに、公民館で男のそば打ち教室のボランティアをお願いするのです。こうしてコミュニケーションがいったんできたら、もうこっちのもの。あなたがいなくても、知り合った人と近所の喫茶店に集い、そのうち遠くまでゴルフに行くのも億劫《おっくう》になって、近所でグラウンドゴルフを始めるかもしれません。

行くところができ、気軽に仲間と時間を過ごすことができるようになると、自然とあなたの不調もよくなっていくでしょう。パートナーだけでなく、地域や学校関係で培ってきた仲間は、もちろんあなたにとっても貴重な存在になるはずです。

漫才コンビ「キングコング」の西野氏に見る「信用」

私がセミナーで話し続けて9年が過ぎました。そんなときに出会った（「一方的に知った」というほうが正確かもしれません）のが、漫才コンビ「キングコング」の西野《にしの》亮廣《あきひろ》氏でした。彼は、どちらかといえば息子に近い世代。正直に申しますと、私は彼が漫才師だったことも知らず、時折耳にすることは、炎上商法で話題になっている人、とそんな認識でした。

ところが２０１８年の年明けてすぐ、成人式のレンタル貸衣装店が倒産することで起きた事件で、彼が一躍注目を浴びていました。貸衣装店の倒産によって成人式に晴れ着を着て出席できなかった若者に、自分で調達したクルーズ船に招待してもう一度成人式のやり直しを企画していたのです。

私は、そのとき彼がメッセージとして残していた言葉に衝撃を受けました。

大人になる日に大人が裏切ってしまったことを、同じ大人としてとても申し訳なく、そして恥ずかしいと思っています。本当にごめんなさい。

大人が面白くない未来は面白くないので、今回失った信用はキチンと取り戻したいとおもいます。

（西野亮廣　ブログより一部抜粋）

この文章を読んだとき、私も同じ大人としてとても恥ずかしく思い、「信用とは」ということを改めて考えさせられました。

それから彼に注目していると、彼が同じ芸人同士や一般の方からも受けていたバッシングの内側も見えてきました。例えば彼はある日からバラエティ番組に姿を見せなくなったそうです。番組のセットである、芸人が後ろでずらりと並ぶ「ひな壇」には登らないと宣言したのだとか。そうすると先輩芸人からは生意気と叩かれ、仲間からも世間からもＴＶに顔を見せなくなったら（芸人として）おしまいだね。と言われていたそうです。

でもなぜ、彼はそのような宣言をしたのでしょう。それは、「自分の大事にしたい人に、嘘をつく自分を見せたくない」という意地を貫き通すためでした。ひな壇に立つ限り、その場の雰囲気や、自分の与えられた役割というものが決まっていて、それに応えるように振舞わなければなりません。そのためには時として、嘘もつかないといけなくなる。それをしたくない、というのが理由でした。

彼はその当時、有料のオンラインサロンをもっていました。私はそのサロンに入会したのですが、その当時、２０１８年の１月で入会者は３０００人ぐらいだったので、サロンが開かれた初期はきっと１０００人ぐらいだったでしょう。月々１０００円の会費、下世話に計算すれば、１０００人で月々１００万円の収入になるわけです。「１００万の収入があれば、芸人として活動しなくてもよくなるよな」と、そんな陰口もあったそうです。それでも、彼は嘘をつくことを拒みました（無茶なことは人以上に言っていますが）。世間の多くの人がアンチ西野といっていた中、自分を信じて入会している人たちは、彼にとって大事な人でした。そんな彼らを裏切るような、表の顔と裏の顔を使い分ける生き方をしたくなかったというのです。グルメ番組も同じ、おいしく感じなくてもおいしいと言わなければいけないのなら、その仕事を受けないことを選ぶと話していました。

「信用貯蓄」が将来の自分を助ける

どうしても私たちは、「大人の事情」などを理由に、それが世を渡る処世術だと言わんばかりに、自分の本当の声に蓋をしてしまいがちです。

でも少なくとも彼は、相手のためを思っての嘘はついても、自分の保身のための嘘はつかないという信念を貫いているように見えました。私にとってびっくりするような言動をする人でしたが、十分な魅力を備え、人として信用するに足る人物でした。

彼は、今後は著作権というものはなくなっていくだろうという予測をし、自分の描いた絵本を無料でネットで公開したり、絵本の分業制を成り立たせるためのクラウドファンディングを立ち上げたりして常に誹謗中傷を受けていましたが、いつしかその声はだんだん小さくなり、いまは先輩芸人も彼の考え方に一目置き、オンラインサロンの会員数は７万を超えるまでになっています（２０２０年10月現在）。

これこそ、貨幣経済による力の強さより、信用の積み重ねが人の気持ちを動かし、大きな経済の波となっていった例といえるでしょう。

みなさんは「信用貯蓄」という言葉を聞いたことがありますか？　何となく言葉から想像がつくかもしれませんが、読んで字の如し、信用の積み重ねということです。

私も実家が商売をしていたので、お客様への信用がいかに大切かを言い聞かされ続けてきました。ただ、頭で理解するのと実行するのは大ちがい。信用が大切だと理解しながらも、若い頃はつい自分の目先の利益に目がくらんで、人知れず信用を失うことばかりを続けてきたような気がします。

信用は目に見えたり、量で測ったりできないので、非常に扱いが難しいものです。不確かなものといわれればそれまでかもしれません。ですが、人には基本「好意の返報性」といって、受けた恩はお返しをしたくなるという心理が生まれるといいます。

いつも自分がしてもらうことばかりを思うのではなく、ギヴ＆テイク、いいえ、**ビジネ**

スで相手に接するときは、それを発展させてギヴ&ギヴ&ギヴ&テイクくらいの気持ちでお付き合いを続けていくと、仕事もお金も循環し、いざ自分が困ったときにはそれまでためてきた「信用貯蓄」が助けてくれるでしょう。先に書いたパートナーへの「きょうようときょういく」も、地域や学校関係などで信用貯蓄があればあるほど、スムーズにいくはずです。

信用を貯蓄するには「続ける」こと

では、信用をどうやってつくっていくかとなると、いろいろなことが思い浮かぶと思いますが、私がひとつのバロメーターとして基準に置いているのが、その事業や行動が「続いているか」ということです。続けるというのは、それが正しければできるというわけではありません。続けるうちには途中でいろんなアクシデントが起こりますから、非常に難しいことです。「続かないこと＝その人が信用できない」と直結するわけではありませんが、何かを続けている人からは、その思いの強さやしぶとさ、誠実さなどが感じ取れるはずです。

「お客様は半年間様子をじっと見ている」、そんなフレーズを前に紹介しました。世間の評価はあっという間に変わります。ついこの前まで美談のようにもち上げられていたかと思えば、いきなりアンチに働き、その人をとことん陥れる、このような報道などをどれだけ見たでしょう。相対的に相手の反応に応えることで築く信用は、意外と脆《もろ》いのです。むしろ逆風が吹いていたとしても、自分の確固たる信念があり、それを黙々と続けていれば、その評価は信用として、それなりに骨太となって根付くのでしょう。

つまり仕事も、世間の評価や時世を気にして、何が得かという基準で選ぶよりも、自分が何が好きで、これならいつまでも続けることができる、そういった自分の絶対的な思いを大切にして選択していくことをお勧めします。

経験した仕事すべてが人生を助ける

この「複業」をテーマにキャリアカウンセラーになってから、たくさんのセミナーを行ってきました。事例のために自分の過去の棚卸しをしてみると、20個以上の仕事を体験していました（短期の仕事も入れるともっとあります）。以前なら、就職面接のときにそれだけ転職（兼業）体験があると話せば、「辞め癖」がついている人間と見なされ、採用に不利に働いたかもしれません。でも、私は幸いなことに理解ある採用担当に恵まれ、その数多くの経験を評価してもらい、内定をもぎ取ってこられました。そして、それまでの経験とスキルを総動員して、求められる以上のものを提供しようともがいてきたように思います。与えられるだけでなく、自分でそれ以上の仕事をつくっていく気構えで働いてきました（時にそれは、組織においては諸刃の剣となるので注意が必要ではありましたが）。

どんな風に仕事を重ねてきたかというと、ざっと以下のような感じです。

●中学2年から高校3年まで、母の喫茶店を手伝うという恵まれた（!?）環境の中、大人と接し、ランチから飲み物、トルコライス（長崎のご当地グルメ。複数の料理をひと皿にまとめたもの）まで同時進行でつくっていく能力を鍛えてもらいました。

●大学で関西に進学した学生時代は貧乏学生の典型で、朝はパン屋、昼は蕎麦屋、夜は喫茶店と賄い付きの店を中心に、手に職をつけなければと司会の学校に通い、合計7つのバイトを同時にしていました。

●大学を卒業して就職後、理解ある社長のもと司会業も掛け持ちして行いました。社内での結婚式は仲人が社長で司会は私と、ほとんどの式でコンビを組ませてもらいました。自分の結婚後は会社を退職し、司会業の事務所を立ち上げました。

●流産を機にすべての仕事を辞めました。ひとりめの子どもが生まれたときは、保育園の問題も重なって、司会関係の仕事以外に人材派遣で事務の仕事や、訪問ヘルパーなど4つの仕事を経験しました。

●夫の転勤にあわせた生活のあと、いわゆる「M字カーブ」後の再就職では、下の子がまだ幼稚園だったため、幼稚園のママ友に紹介してもらい、倉庫での仕分けをする仕事に1年間就きました。朝の3時から6時過ぎまで、コンビニの商品をトラックで配達するために仕分けする、お金を稼ぐだけが目的の仕事でした。

●下の子が小学生に上がる直前に、高校の進路指導課を車で回り営業をかけるという、自分で働く時間を調整できる仕事に変えました。

●夫の会社が倒産すると聞き、社会保険のある正社員に就職しました。その後フリーランスとなり、現在は5つの仕事（給与収入と事業収入のもの）と、ひとつの法人の役員に就いています。

思い起こせば、接客業の楽しさを知った中学時代でコミュニケーション能力が培われ、それが営業の仕事や、いまのコンサルティング業に繫がり、新卒の正社員時代、人事だけでなく総務経理を経験していたことが、FPとしてお金の知識や起業支援、そして法人設立のときにCFO（最高財務責任者）として仕事を任せてもらえるところに繫がりました。採用関係でいえば、はじめの新卒採用の人事から、高校の進路指導課を回る営業をしてきたため、キャリアカウンセラーに興味をもち、それがいまの滋賀マザーズジョブステーションでの仕事に繫がりました。

大きな倉庫で一年中5度という寒い場所でひたすらこまねずみのように走って仕分けをした経験も、意外なところで役に立ってくれました。それは、現在の就労支援です。相談を受けているときに、私が提案をすると、

「それは山下さんだからできること。いつも屋根のあるところで座って仕事ができるのだから、私たちの気持ちはわからない」

と、相談者にそんな感情をもたれることがときどきあるのですが、そんなときに必

ずこの経験を例に出すのです。そうすると、誰もが最初の一歩はそこから始まるのだと納得してもらえます。「その話を聞いて安心した」とか「やる気が湧いてきた」ということも、言ってもらえます。

働きたくてやみくもに資格取得にはしり、結局使わずに闇に葬ってしまった住環境コーディネーター２級の資格も、最初の子どもを流産してすべてをなくしたと思ったときに、藁《わら》にもすがるような思いで社協が主催するホームヘルパー１級の資格を取り、訪問ヘルパーとして仕事をしたことも、資格取得の失敗談として、どれだけセミナーで話したかわかりません。このあとこれらの資格を使って仕事をする可能性は低いかと思いますが、それでもこうして振り返ると、これまでの人生に無駄なものはひとつもなかったと思うのです。

「複業」は、歳にあわせて規模を縮小できる

社会に出てから30年、結婚、出産、子育て、仕事復帰を経て、現在ふたりの子どもが社会人となり、再び独身時代のように仕事のことだけを考えられる時期になりまし

た。元、つまり社会人になりたての頃に戻ったといえばその通りなのですが、さまざまな経験を積み、そして年齢を重ねたことで、価値観も変わり自分が求めるものも変わってきました。

その中で、自分でも驚いたのが、「手放す」ことに対しての感情です。昔は、それこそ摑んだものをあきらめたり、人に取られたりすることにとても抵抗がありました。任せられた仕事は、なかなか人に譲ることができませんでした。

そのうち、自分は変わらず頑張っているつもりなのに、以前できていたことができなくなって悔しい思いをすることもしばしば起こるようになりました。目は老眼で見えにくくなりましたし、自分の能力は確実に衰えていっており、新しいことも覚えにくくなってきています。

でも、それを素直に受け止めることができるようになって、少しずつ自分の中の心境が変わってきました。いままでは、夢中になってしていた仕事も、自分が先頭に立って引っ張っていくというより、いかに後輩に上手く道を譲っていくかということを考えられるようになりました。

そして、身体が悲鳴を上げないうちに自分の身体を甘やかしたり、「いい加減は良い加減」とやり過ごしたりすることも覚えました。

物欲もだんだん、年齢とともに薄れてきています。服やバッグより、目に見えないものにお金を使うことも多くなりました。外食で贅沢《ぜいたく》に食べ歩きを楽しむより、おうちごはんが楽しく、生活そのものは慎ましやかになっていきます。それでも心が豊かでいられるのです。

私はすでにこの世に生まれて半世紀以上過ぎました。そろそろ働くスタイルを変えて、仕事を生活の優先順位から下げていこうかと考えています。それでもあまり贅沢さえしなければ衣食住が足りて安心のできる暮らしができますし、その中での家族や仲間に恵まれた暮らしが心から幸せだと、素直に思えるようになりました。

もちろん、みなさんにこんな生き方を強要するわけではありませんし、私と同じ年代でもいろんな考えの方がいます。価値観や社会の在り方が大きく揺らぐ中で、自分の感じ方も年々大きく変わり、いろんな人が考える幸せの定義もますます多様化していくのでしょう。

その**自分なりの幸せを、あふれる情報や他人に惑わされず、しっかりと見つけることができれば、それがいちばん幸せであるということではないでしょうか。**「複業」

であれば、その規模は年齢にあわせて縮小しても、それなりに小銭を稼ぎ続けることぐらいならできるでしょう。「年金の足しにでもなる」くらいのこころの余裕をもちながら、仕事を生涯現役で続けることで人様の役に立てたら、素敵ではありませんか。

ぜひ、あなたが納得できる幸せの形を「働く」ということを通じて、見つけていってください。

著者略歴

1964年、長崎県に生まれる。ライフプランニングDUO代表。滋賀マザーズジョブステーションキャリアコンサルタント。大学在学中より結婚式の司会者として、通算20年約1000組のカップルを担当、子どもの成長にあわせて転職をくり返し、現在は主に5つの仕事をしている。

ファイナンシャルプランナーとキャリアコンサルタントの資格を軸に、各種講演、家計の見直し、保険の相談・提案、投資基礎講座「締・積・運セミナー」FP3級資格取得講座、相続相談や就労相談・起業支援などを幅広く手掛ける。

ライフプランニングDUO
http://lifeplanning-duo.com/

女性《じょせい》30代《だい》からの「複業《ふくぎょう》」生活《せいかつ》のすすめ
週《しゅう》23時《じ》間働《かんはたら》き、男性平均年収《だんせいへいきんねんしゅう》を超《こ》える生《い》き方《かた》

二〇二〇年一二月一〇日　第一刷発行

著者　山下《やました》 弓《ゆみ》
発行者　古屋信吾
発行所　株式会社さくら舎　http://www.sakurasha.com
東京都千代田区富士見一—二—一一　〒一〇二—〇〇七一
電話　営業　〇三—五二一一—六五三三　FAX　〇三—五二一一—六四八一
編集　〇三—五二一一—六四八〇　振替　〇〇一九〇—八—四〇二〇六〇
装丁　石間 淳
装画　アフロ
本文デザイン・組版　株式会社システムタンク（白石知美）
印刷・製本　中央精版印刷株式会社

ISBN978-4-86581-275-6

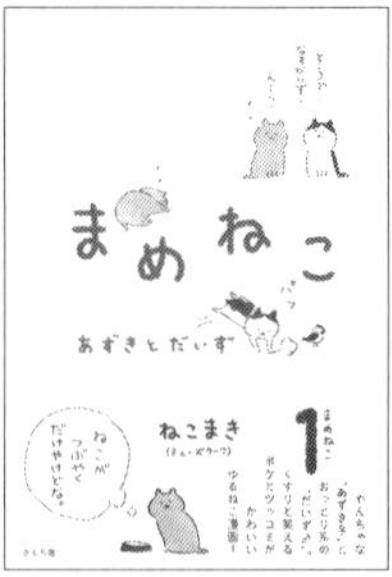

まめねこ～まめねこ10発売中!!

1～8 1000円(+税)　　9～10 1100円 (+税)

定価は変更することがあります。